ママ、もうすぐあえるね

おなかの中からハグくむ 親子の絆 ソフロロジー

1万年堂出版

プロローグ

おなかの赤ちゃんは、世界一・宇宙一あなたが大好きです

妊娠・出産というのは、
とても素晴らしく、尊いことです。

「一期一会。出逢いに偶然なし、全ては必然」

人は出逢うべくして出逢うと考えます。

一期とは、生涯を意味します。

一会とは、ただ一回の出逢いを指します。

一生涯で、ただ一度の出逢い。

毎日逢う人との出逢いも、
その時、その瞬間の出逢いは二度と訪れません。
赤ちゃんは、お母さんとお父さんを
選んでやってきてくれたと感じますし、
「選んでくれてありがとう」
という感謝の心をいつまでも
持ち続けることが大切だと想います。
この心が、ソフロロジーで大切な
「赤ちゃんを想うこころ」を
育てていくことにもなります。

ソフロロジー法は、
単なるお産の方法ではありません。
あなたをお母さんに選んでくれた、
　おなかの赤ちゃんは、
世界一・宇宙一あなたが大好きです。
だから、おなかの赤ちゃんは、
あなたの声が聴きたいのです。
あなたとお話がしたいのです。
おなかの大切な赤ちゃんに、
　たくさんお話しましょう。

いっぱいお話していたら、
自分はおなかの赤ちゃんのお母さんなんだぁ、
という気持ちが、自然と芽生《めば》えてきます。
そう、あなたは、すでにお母さんなのです。
おなかの中の大切な赤ちゃんとの、
これからの生活を楽しみましょう。
すると、自然と
赤ちゃんとの絆が深まっていきます。

大丈夫。
あなたは、お母さんに選ばれたんだから。
大丈夫。
大切な赤ちゃんとなら、何でも乗り越えていけます。
大丈夫。
あなたも赤ちゃんだった時、
お母さんと一緒にあの痛い陣痛を
　乗り越えてきたんだから。
大丈夫。大丈夫。大丈夫。
何も心配することはありません。

あなたは一人ではありません。
赤ちゃん、そして
あなたを守ってくれるみんなは、
いつもあなたのそばにいます。

はじめに

私は、赤ちゃんが大好きで産科医になりました。
これまで、1万人以上の赤ちゃんの誕生に立ち会ってきました。
本当にたくさんの赤ちゃん・お母さんに出逢ってきました。
赤ちゃんからのメッセージを感じてきました。
「私は赤ちゃんと話せる、赤ちゃんの気持ちがわかる」と本当に想っています。
もちろん、そのことを私自身、証明したことはありません。笑。
でも、わかるんです。
だって、赤ちゃんが大好きですから。

そんな私ですが、大病院での若き勤務医時代は、医者といえば、良くも悪くもドラマ『白い巨塔』に出てくるような世界をイメージしていました。長白衣にネクタイ締めて、ポケットに手を突っ込んで廻診し、患者さんに「今日はどうですか？」と尋ねる。そんな偉そうな医者を目指して、〝がんばるぞ！　偉くなるぞ！　昇り

詰めるぞ～！〟と意気込んでいたのです。

今考えると、大きな勘違いをしていました。

患者を診ずして、病気を診る、恥ずかしい限りのお医者さんでした。

産科医になったばかりの私は、お産に関して、「安全に赤ちゃんが産まれればよし、お母さん（妊婦さん）が元気ならよし」ということしか考えになかったのです。

医師は、母子の安全を最優先に考えます。しかしそれは、「安全なお産（分娩）を管理する」という考えに基づいています。管理するということは、言葉を換えれば、安全な分娩＝安心なお産という発想には乏しい、ということです。

そもそも医師は、学生時代から産科に関して、赤ちゃんやお母さんの安心を考えるような〝産前教育〟を受ける機会がほとんどありません。

ところが後に、安全な分娩＝安心なお産、安心なお産こそが、安全な分娩なのだと気づく、大きな出来事に遭遇するのです。

私がまだ勤務医として、お産に立ち会っていた時のこと。

三日三晩、がんばって赤ちゃんがやってきてくれると、家族も医師も助産師も、みんな「お母さん、がんばったねえ、偉いよ～。お母さんのおかげで、赤ちゃん元気に産まれたよ」と言っていました。

がんばったお母さんを、みんなで褒めていました。

もちろん、お母さんも不安で本当につらい中、がんばったと思います。

でも、私はいつも、

「お母さんだけじゃなくって、赤ちゃんもがんばったんじゃないの？」

「なんで、みんな赤ちゃんを褒めてあげないの？」

と、ずっと想っていました。もやもやした感情が、いつも私を包んでいました。

そんな時、私はソフロロジーと出逢いました。

お産は、赤ちゃんとお母さんとの、人生最初の共同作業。

陣痛は、赤ちゃんを生み出すために大切なエネルギー。

母性を醸成させ、赤ちゃんとお母さんが一緒にがんばるソフロロジー法の出産を見て、私は涙が止まりませんでした。

進むべき道がはっきりと分かりました。

これが私のソフロロジーとの出逢い、一期一会《いちごいちえ》です。

ソフロロジー法の普及が、私のライフワークとなりました。

その先には、いじめをなくしたい、虐待を減らしたい、と強く想う私の信念があります。

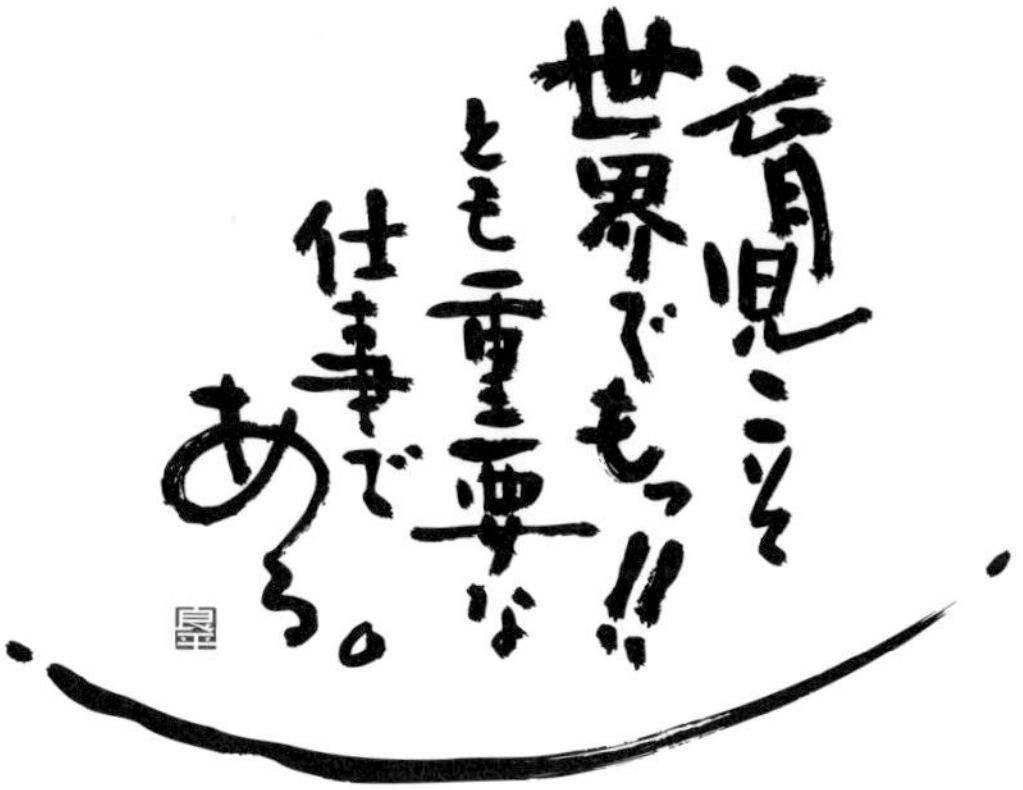

私は、こう想います。

「親が子どもを選ぶのではなく、子が親を選んでやってくる」

私は、こう考えます。

「子どもが親として選んでくれて、私の所に来てくれたのだから、小さな命は『預かりもの』」

わが子として、例えようのない深い愛情で包み込むとともに、この小さな命の限りない可能性と未来を、決して妨げることはできない。

子どもたちが、自らの力で巣立っていくまでは、生涯を懸けて守り、育まなければならない、と。

私たちの「これから」は、彼らの可能性と未来のためにあります。

それが、親として選ばれた者たちの、権利と義務であると感じます。

田邉良平

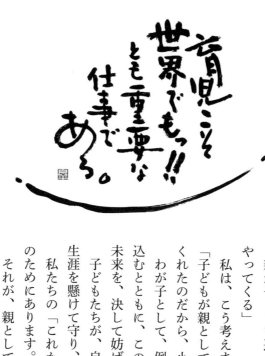

2 育む

3　出逢う

4 つながる

この書を日本におけるソフロロジーの祖、わが師・松永昭先生に捧ぐ

1
想う

良平先生

赤ちゃん大好き・良平先生のお役目は、
「赤ちゃんを想うこころ」を、
お母さんはもちろん、
すべての人に育てていくことです。

初めての妊娠、出産
何も知らず
何も勉強することなく
何も教わることなく妊娠中を過ごした
ALOHA
そしてあの痛い陣痛がやってきた

つらかった
ぎえええええええ
やっと赤ちゃんが産まれた
うぎゃ
ぎゃあああ
痛かった
おめでとうございます
自宅での赤ちゃんとの生活
不安
よく夜泣きをする
ほぎゃー
ほぎゃー
また?
あんなに痛い思いをしてあなたを産んであげたのに
うううううう
ほぎゃー
ほぎゃー
今度は夜泣きして私を苦しませるの!!
そんな私が2人目の妊娠
たなべクリニックを初めて訪れた
なべクリニック

おめでとう
ございます!!
正直あまり
うれしくなかった
またあの痛い
陣痛が来る……
またこの子も
夜泣きするのかな

けれど、2回目の妊娠・出産の私を良平先生やスタッフの人は、初めて出産する人のように指導・教育してくれて
赤ちゃんにも陣痛があることを知った
イタイ!!
くるしい
コワイ!!
これでいいの!?
赤ちゃんも不安であることを知った
ママ……じょうずにできてる?
ママ…たすけて

上手だよ！
がんばって!!
ママ!?
ママのこえがする!!
このまますすめばいいんだ!!
早くおいで
ママが待ってるよ
一緒にがんばろうね
ママだ……
よかった
がんばるぞ!!

陣痛を私と一緒に乗り越えて、逢いにきてくれた赤ちゃんがとても愛《いと》おしかった
2人目もよく夜泣きをした
でも、不思議と嫌じゃなかった
どうしたの？
不安なの？
お母さんに何か伝えたいの？
自分の変化にびっくりした
すると、さらに上の子も私と一緒にお産がんばってくれたんだと想い余計に愛《いと》おしくなった

ソフロロジーを知って子育てが変わった
上の子に対する接し方も変わった
ありがとう先生
ありがとうソフロロジー
ありがとう子どもたち

私みたいなお母さんが
ソフロロジーに出逢って
幸せな育児が
送れることを願います

寄せられたお手紙をマンガにしたものです

お産は、赤ちゃんとお母さんとの人生最初の共同作業

出産というと、どんなイメージを持っていますか？

妊娠中、ほとんどのお母さんは、お産に関して漠然としたイメージしかありません。

・お産の経験がある友だちから、「陣痛、痛いよ～」と聞いている。
・みんな我慢して、乗り越えてきてるんだから、自分も陣痛を乗り越えるしかない。
・だから、お産には楽しみよりも、不安しかない。

そんなお母さんたちは、「がんばって陣痛を乗り越えて」というより、「どうや

って陣痛の痛みから逃れるか」ということで頭がいっぱいになってしまうのです。

産まれて最初に感じることは、「終わったぁ」という感覚です。あの痛くてつらい陣痛がやっと終わった、はぁ〜っ、という感じです。

「もう二度と産まない、絶対に嫌！」

「今度産む時は、あんたが産んでよ」

と、お父さん（夫）に言う方もいました。

でも、そうなっても仕方がないと私は思います。だって、お母さんは赤ちゃんを産むために、自分独り陣痛に耐え、我慢したんだから。

ところが、ソフロロジーを体験したお母さんたちからは、こんな感想が届きます。

「お産の恐怖が、赤ちゃんに逢える楽しみに変わりました」

「痛みが強くなるにつれて、赤ちゃんに逢えるんだとうれしくなりました。もっと強い痛み、早く来て！　という感じでした」

「夫には、あまり痛そうに見えなくて、『陣痛、痛くないのかと思った』と言われるほどでした」
「私は今、赤ちゃんと一緒にがんばって乗り越えたんだという実感があって、すごくうれしいです」

実は、ソフロロジーでお産するお母さんは、

●お産は、赤ちゃんとお母さんとの、人生最初の共同作業
●陣痛は、赤ちゃんを生み出すために大切なエネルギー

ということを、お産前から知っています。

だから、赤ちゃんがお母さんと一緒に陣痛を乗り越え、元気に逢いにきてくれたら、「ありがとう」「待ってたよ」「痛かったでしょ」「一緒に乗り越えてくれてありがとう」という言葉が、最初に自然と出てくるのです。

そんなお母さんの、出産直後の赤ちゃんと対面した瞬間の表情や言葉に、私は涙があふれます。

泣かずにはいられません。笑。

「終わったぁ～」じゃなくて、
「出逢った！」感を、
ものすごく感じます。
だから、涙が止まらない。

一緒に乗り越えてくれてありがとう
待ってたよ
やっと逢えたね

よく聞く一般的なお産のイメージは？

ソフロロジーのお産を学ぶと、こんなに変わる！

赤ちゃんに逢える楽しみで
お産の不安は薄れます
もうすぐ！
ワクワク
ミルク
穏やかなお産
フ〜
痛くないの？
早く逢いたい!!
ママ〜
もっと強い痛み来て！
赤ちゃんと一緒に
がんばって乗り越えたという実感!!
とても幸せ!!

「穏やかなお産」「痛くないお産」のイメージはどこから?

ソフロロジー式の穏やかな出産シーンは、とても印象的で、マスコミでもよく取り上げられました。

以前、ローカルテレビの夕方のニュース番組で「医療最前線」という特集があり、私のクリニックに、テレビ局がソフロロジー法の取材に訪れました。

ちょうど出産を控えているお母さんがいらっしゃり、同意を得てテレビ取材を受け、その出産の模様が夕方のニュースで放映されました。

すると、放送当日より、クリニックに一般の方から多くの問い合わせの電話がありました。

「痛くない出産法なら私もしたい」

「私が住んでいる場所の近くでソフロロジー法を行っている病院を教えてほし

い」

などの質問が後を絶ちませんでした。

穏やかなお産。

痛くないお産。

叫ばないお産。

など、ソフロロジー法の出産シーンは、従来の出産法のイメージとは真逆《まぎゃく》の衝撃《しょうげき》を与えたのです。

それは、医療者にも多くの興味をもたらしました。

やがて、全国からたくさんの医療従事者が、私のクリニックに研修に訪れることになりました。

しかし、研修者の多くは、ソフロロジー法を正しく理解していませんでした。

「ソフロロジー法って、一言で言うと何だと思いますか？」と、私が研修者に質問すると、
・麻酔を使わない無痛分娩のようなもの
・妊娠中にソフロロジー法のＣＤを聴くこと

・呼吸法をすること

など、間違った解釈が多く存在しました。

ソフロロジー法は、あのあまりにも穏やかな出産シーンの印象が先行し、分娩の穏やかな様子だけにとらわれすぎて、研修者たちは何が最も大切なのかを見失っていました。

ソフロロジー式の産前教育をしっかり受け、理解しているお母さんたちは、何が最も大切なのかを知っています。

それは、「赤ちゃんを想うこころ」なのです。

自分だけではない、あんなに小さくて私より体力のない赤ちゃんが、私と一緒にがんばっている。

大切な赤ちゃんに必要な酸素を、私しか届けられない。

大切な赤ちゃんが、陣痛の合間に休んで体力を回復するためには、私が休んであげなければならない。

そのことをちゃんと知っているお母さんは、赤ちゃんのためにもリラックスしてお産に臨みます。

赤ちゃんもがんばっている、私しか赤ちゃんを守れない。

そのことを知って、お産に臨んでいるからこそ、結果論として、あのような穏やかで叫ばない、リラックスしたお産ができるのです。

赤ちゃんを想うこころが、あの素敵なお産を導いているのです。

これから10カ月よろしくね
こんにちは！赤ちゃん

ソフロロジーの原点は赤ちゃんを想うこころ

赤ちゃんが
陣痛の合間に
体力を回復
するためには
私が休まないと

赤ちゃんも
がんばっている!
私しか
赤ちゃんを
守れない!!
がんばらなくちゃ!
ママー
ママ〜

このことを知ってお産に臨んでいるからこそ、
穏やかでリラックスしたお産になるのです

ソフロロジーが「麻酔を使わない無痛分娩」といわれる理由

ソフロロジーの手法を、「麻酔を使わない無痛分娩」と表現する人もあります。それはどうしてかというと、本当はすごく痛い陣痛が来ているのに、あたかも全然痛くないように出産するからです。

私の病院で出産したお母さんで、こんな方がいらっしゃいました。「動画にしようかな、写真にしようかな。どっちにしようかな。動画は撮り続けるのが大変だから、写真にします」と言って、分娩台で赤ちゃんと出逢うまでのシーンを、自分でずっとパシン、パシンって撮っていました。

そういうお母さんもいるかと思うと、真逆《まぎゃく》のお母さんもいらっしゃいます。全く同じ痛みが来ているのに、です。

ですが、ニコニコ笑って赤ちゃんに逢うお母さんでも、お産後、「陣痛、痛かった？」と私が聞くと、「そりゃ先生、痛かったですよ」と答えます。しかしその後に、「でも、つらいとか嫌だとか、そういうことは全然ありませんでした」と言われるのです。

「助産師さんから、『もう今の痛みが最高潮の痛みよ』『もうこれ以上痛くなりませんよ』って言われた時に、『え？　これが最高の痛み？』と思いました。もっと痛くなるのを想像していたので、このぐらいの痛みだったら、十分乗り越えられるなって思いました」

と言われます。

片やもう一方のお母さんは、「ちょっとつらい」「乗り越えられるか自信ない」と言われます。

全く同じ痛みが来ているのに、どうして痛みに対する感じ方、感覚が、両極端に違うのかというと、実はその分かれ道に、秘密があるのです。

ソフロロジーを学ぶと、その秘密がだんだん分かってきます。次から、その核心に迫っていきたいと思います。

痛みを切り替えるスイッチとは

ソフロロジーが「麻酔を使わない無痛分娩」といわれるのは、本当はすごく痛い陣痛が来ているのに、あたかも全然痛くないように出産するからだとお話ししました。

それはなぜでしょうか。

陣痛のような強烈な痛みが来ると、人間は、あるスイッチが働くといわれています。それが「痛みを切り替えるスイッチ」です。

こんな便利なスイッチを、生まれつき、すべての人が持っています。女性だけではなく、男性も持っています。だから、あの痛い陣痛が来る時に、このスイッチをうまく利用すればいいのです。

例えば5秒や10秒、ちょっとおなかが痛くなる時がありますね。生理痛がひどいお母さんは、「生理痛に比べたら、このぐらいのおなかの痛みは楽勝」って言われます。

5秒や10秒ぐらいなら平気でも、その痛みが30秒、40秒と続いて、乗り越えていけるか自信がないなと思ったら、**痛みを切り替えるスイッチをカチャッと入れて、最後まで十分に乗り越えられる、冷静に受け止められるぐらいの痛みにコントロールしていけばいい**のです。

ところが、皆さん、そんな便利なスイッチを持っていても、残念ながらこのスイッチは、自分の意思で、入れたり切ったりできません。意思とは関係なしに、体が勝手に反応して、スイッチが入るのです。

一方で、ソフロロジーでお産するお母さんは、自分の意思では切り替えられない、このスイッチが、なぜか切り替わるのです。

なぜでしょう？

そこのところを特別に、皆さんだけにお伝えします（いつも言っていますが。笑）。

同じように陣痛を体験しても
痛みを強く感じる人と
それほどでもない人がいます
陣痛
痛みを切り替える
スイッチ
OFF
ON
ON
OFF
両者の違いは
どこにあるのでしょう
赤ちゃんががんばっている
上手だよー
痛い……
なんでこんなに
私を苦しめるの……
非常に便利な「痛みを
切り替えるスイッチ」
ですが、このスイッチは
自分の意思で、自由に
切り替えることは
できないのです
ON
OFF

自分でくすぐっても、くすぐったくないのはなぜ？
——快不快のメカニズム

皆さんは、いろいろなものにスイッチを持っています。

例えば、くすぐったいということに対してもスイッチがあります。

自分でおもむろに脇の下をくすぐっても、笑えません。ところが、人からくすぐられたら、ものすごくくすぐったい。

当たり前のことのようですが、実は頭（脳）の中で、無意識に〝くすぐったいスイッチ〟が切り替わっているのです。

要するに、人からくすぐられると、くすぐったいほうへ、無意識にスイッチが入ります。

自分でくすぐると、「大丈夫、大丈夫、これは自分でくすぐってるんだから」と思って、無意識に脳の中でスイッチが切り替わるのです。

だから、全然くすぐったくないんです。

スイッチの例えでもう一つ、〝愛撫〟の話があります。

愛する人、好意を抱いている人、例えば恋人から手を握られると、安心するしうれしいです。

けれど、見ず知らずの人に突然手を握られたら、不快に感じます。

「手を握る」という同じ行為でも、相手によって受ける感覚・感情が全く異なります。

そのような、くすぐったい、気持ちいい、痛い、といったさまざまなスイッチが、日常生活の中で、お母さんの知らないところで、何種類もカチャカチャと切り替わっているのです。

私たちはいろいろなスイッチを持っています

自覚のないところで、日々さまざまな
スイッチが切り替わっているのです

では、なぜ自分の意思（気持ち）で切り替えることができない「痛みを切り替えるスイッチ」が、ソフロロジー法で出産するお母さんは、切り替わるのでしょうか。

ソフロロジーを学ぶと、赤ちゃんを想う心（母性）が確実に芽生《めば》えていきます。そうすると、母性愛ホルモンが、たくさん分泌されるようになります。そのホルモンが分泌されることによって、痛みを切り替えるスイッチが入るのです。

赤ちゃんと一緒に痛みを乗り越えられるように、痛みを十分受け入れられるほうに、母性愛ホルモンがスイッチを切り替えてくれるのです。

「痛みを切り替えるスイッチ」のシステムとは

ソフロロジーを学ぶと
赤ちゃんを想う心（母性）が
確実に芽《め》生《ば》えていきます
ニョキ
ニョキ
母性
そうすると、母性愛ホルモンが
たくさん分泌されるようになります
その母性愛ホルモンが、痛みを
切り替えるスイッチに働きかけて
OK!
ON
OFF
赤ちゃんを守るためにそろそろ準備しよ〜
赤ちゃんと一緒に痛みを
乗り越えられるように
痛みを十分
受け入れられるほうに
スイッチを
切り替えて
くれるのです
準備万端!!
まかせといて!

＊「母性愛ホルモン」というのは、赤ちゃんを想うこころを表現した言葉です

「痛みを切り替えるスイッチ」はいつ入るの?

「赤ちゃんを想う気持ち」が「不安」に勝ると
痛みスイッチが切り替わるのです

陣痛は敵ではありません。波のように身を任せてみましょう

陣痛というのは、そもそも〝敵〟ではありません。痛いですが陣痛は、「赤ちゃんを産み出すための大切なエネルギー」です。だから、構える必要はありません。

例えば、海に向かって腰まで入ります。波が押し寄せてきます。向かってくる波に対峙《たいじ》して、〝来るなら来い！〟ってファイティングポーズを執《と》ってみたらどうでしょう。ザバ～ンと波が来て、顔も波しぶきを浴びて、鼻の中にも海水が入って、波に押し込まれて倒れてしまいます。

波と戦う必要はありません。前から波が押し寄せるなら、背中を向けてみましょう。力を抜いて、後ろから来る波に身を任せて、サーフィンみたいに波に乗って流されちゃいましょう。けっこう気持ちいいですよ。波に身を委《ゆだ》ねて、波乗りしましょう。

陣痛も同じです。陣痛の波に身を任せ、対峙《たいじ》することなく、赤ちゃんとともに

受け入れ、力を抜いて緩《ゆる》やかに乗り越えましょう。

陣痛は、敵ではなく、〝同志〟。赤ちゃんを産み出すための大切なエネルギー。

なすがままに陣痛の波に乗って、もうすぐ訪れる赤ちゃんとの出逢いを待ちましょう。

× 「陣痛」の波に
立ち向かってしまうと……

○「陣痛」の波に
身を任せると……

▼

大丈夫、陣痛には必ず休み時間があります

さらに陣痛について詳しくお話ししましょう。

陣痛の時間は、初めのうちは長くて10秒ぐらいです。ですが、お母さんたちが「痛い」と感じるのは途中から途中までで、まるまる10秒間痛いとは感じません。ある程度痛くなってきたら、痛みとして初めて分かります。ある程度痛みが遠のいたら、もう痛みとして分かりません。

ですから、お母さんたちが痛みを感じているのは5秒とか6秒ぐらい。そして次の陣痛が来るまで、10分くらい間が空きます。

さらに陣痛は、赤ちゃんがお母さんに逢いに出てくるその時に向かって、確実に強く、痛くなります。

陣痛は、最高に痛くなっても50秒以上は続きません。お母さんたちが「痛い」と感じるのは、30秒か40秒ぐらいです。そして次の陣痛が来るまで、間が2分とか3分くらい空きます。陣痛は、このような感じでやってきます。

○陣痛の始まりの頃

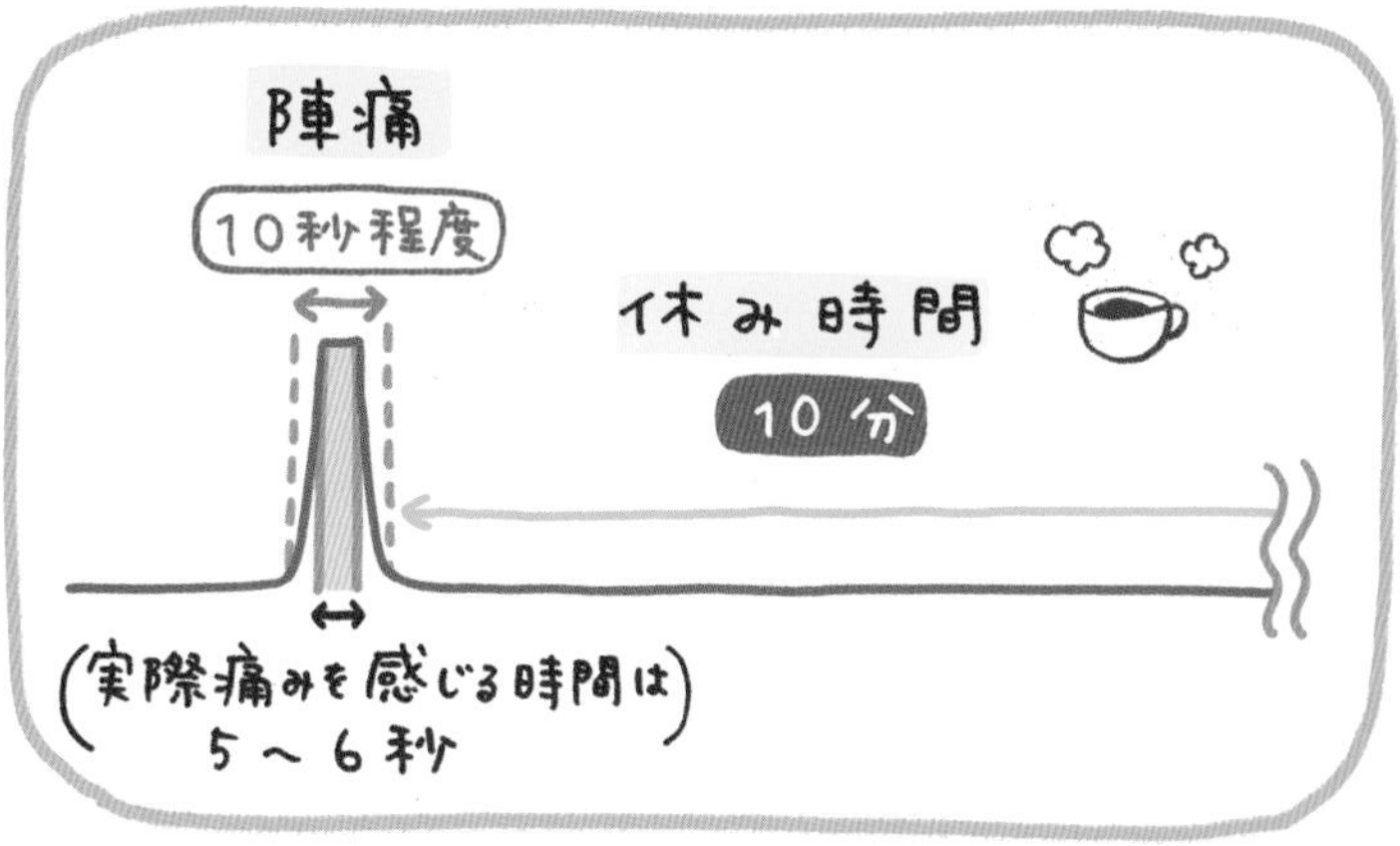
陣痛
10秒程度
休み時間
10分
（実際痛みを感じる時間は
5〜6秒）

○陣痛ピーク時

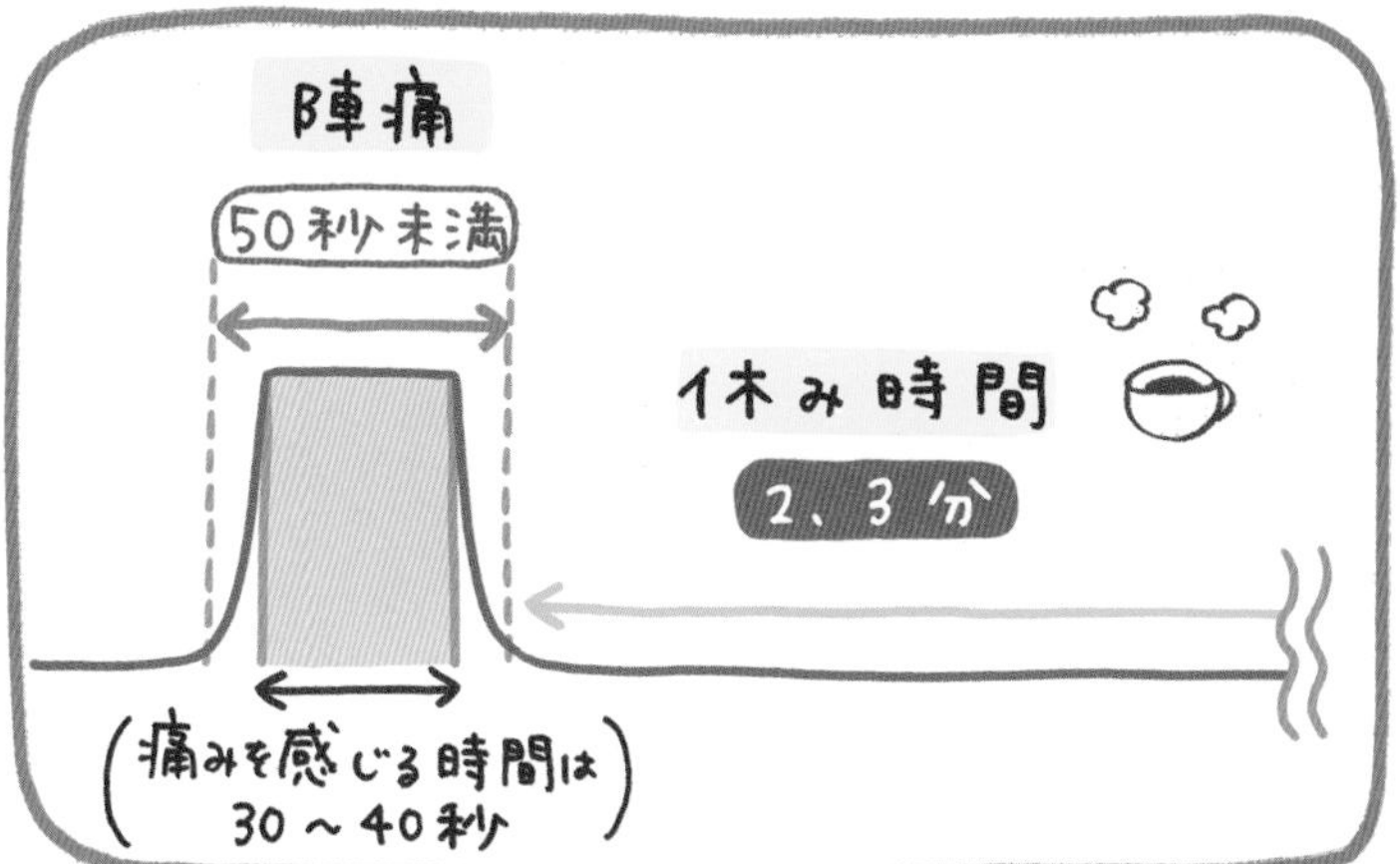
陣痛
50秒未満
休み時間
2、3分
（痛みを感じる時間は
30〜40秒）

陣痛は どんなに 強くなっても 休み時間の
ほうが 長いのです

要するに、陣痛と陣痛の間には、休み時間がちゃんとあるのです。

陣痛は、どんなに強くなっても50秒以上続かないし、どんなに強くなっても、陣痛と陣痛の間の休み時間のほうが、必ず長いのです。

陣痛は
はじめのうちは
10秒くらい
ピーク時でも
50秒は
続きません
それに比べて
休み時間のほうが
ずっと長いのです
休憩〜

休み時間は、誰のため？

どうして陣痛には休み時間があって、波のように来て、波のように去っていくのかというと、それには理由があります。

陣痛は、どこが痛むのかというと、赤ちゃんが入っている子宮だけ、おなかの下の部分、自分の手のひらを広げたほどの範囲がギューッと痛くなります。

もし、お産が、全身に力を入れてするものなら、私は病院の待合室に、椅子なんて置きません。「お母さん、妊娠の後期になってきましたね。今日から10キロのバーベルを持って立っておきましょうね」「かかともつけたらいけませんよ」「空気椅子で、30分はがんばってくださいね」と言います。もし体を鍛えることで安産するのなら、皆さんにそうしていただきます。

でも、陣痛は全身には来ません。赤ちゃんの入っている子宮だけに来るのです。

では陣痛は、お母さんだけが痛いのでしょうか。

もちろん、お産するお母さんに、間違いなく痛みが来ますが、実は、おなかの大事な赤ちゃんにも、陣痛はやってきます。その痛みは、頭の先から爪先まで、体の一部分ではなく、全身にやってくるのです。

大体、10カ月で普通に生まれる赤ちゃんの大きさは、50センチ前後です。赤ちゃんの人形を立たせてみると、私の膝の高さより小さい。

こんなに小さいですし、体力もないですから、突然ギュッと痛い思いをしたり、締めつけられたりしたら、到底耐えられません。

ジワジワ来て、いちばん痛いピークはあるけれど、その痛みはだんだん緩《ゆる》やかに遠のいていく。こういう陣痛でないと、小さな赤ちゃんは耐えられません。非常にストレスを受けて、体力を消耗しますから、その後は休むことが大切です。

ですから、休み時間は、赤ちゃんが、ストレスや体力を回復するためにあるのです。

赤ちゃんは、こんなにも小さくて、か弱くて、体力がないので、陣痛で痛い思いをした時間よりも、長く休まないと体力が回復できない。だから、陣痛よりも長い休み時間が必要なのです。

陣痛の時、お母さんが痛むのは
赤ちゃんのいる子宮、手のひらを
広げたほどの範囲ですが
あいたたた
赤ちゃんは
全身に陣痛が来ています
お母さんが痛い思いをしている間
赤ちゃんはもっと痛いのです
ぎゅ〜っ
ファイトォオオオ!!
ふー――っ
やすんで
たいりょくを
かいふくしなきゃ
小さくてか弱くて
体力もない赤ちゃんは
休み時間がないと
とても陣痛を乗り越える
ことは大変なのです
がんばれ〜っ
ちょっとずつ
いこう
そろそろ
いけるか
な……

おなかの赤ちゃんとお母さんは、一心同体

ここで、とても大事なことは、赤ちゃんとお母さんは、「一心同体」ということです。

一心同体とは、お母さんが息をしているから、赤ちゃんに酸素が行き、お母さんがご飯を食べるから、赤ちゃんに栄養が行く、ということです。

赤ちゃんはおなかの中にいる限り、お母さんに100パーセント守られて生きています。

お母さんが元気だから、赤ちゃんも元気でいられる。まさに一心同体なのです。ということは、陣痛が終わって休み時間になったら、お母さんが休憩しなければ、赤ちゃんも休めません。

おなかの赤ちゃんは、お母さんと別々に勝手には休めません。お母さんが休んで初めて、赤ちゃんも休めます。

お母さんは大人で、ある程度体力がありますから、5秒や10秒ぐらい下腹が痛

くなっても、「10分間休まないと、もうきつくてたまりません！」と言う人はいないと思います。でも、赤ちゃんは、わずか5秒でも10秒でも、全身を締めつけられますから、十分《じゅうぶん》休まないと、体力やストレスは回復できないのです。

お母さんが休まない限り、赤ちゃんは休めません。それでも、ある程度の時間が来たら、必ず次の陣痛が始まります。

お母さんが休まなかったら、赤ちゃんにはどんどんストレスがたまっていきます。どんどん体力が消耗していきます。そうすると、お母さんに逢いに出てくる前に、赤ちゃんは、もう白旗を揚げてしまいます。

陣痛の間の休み時間は、お母さんのためだけではなくて、赤ちゃんにとって、とても必要だということを、ぜひ忘れないでほしいのです。

赤ちゃんとお母さんは
一心同体
お母さんが息をするから
赤ちゃんに酸素が行き
ふーっ
酸素
さんそ
うわあ〜
すごくラクになるよ〜
赤ちゃんが出てくるために
陣痛が起こります
ぎゅうううう――っ
あいたたたた〜
みんなに
あいにいこう!

お母さんが休まなければ赤ちゃんは休めませんし
こんなに痛いの
ムリムリムリムリムリ
イヤダイヤダ
死ぬーー!!
やめてやめて
おかあさんのきんちょうがつたわってきてくるしいよう
しめつけられるしでぐちもかたくなってきた
お母さんがリラックスすれば赤ちゃんはラクになります
ふーーっ
あんしんしてきゅうけいできるよ
赤ちゃんとお母さんが息を合わせて次の陣痛を乗り越えます
おかあさんがんばるからおうえんしてね
上手上手その調子!!
ぎゅーーっ
出産はまさに赤ちゃんとお母さんの共同作業
おめでとう!
よくがんばったね!!
小さな赤ちゃんを守れるのはお母さんだけなのです

column

「ソフロロジー」の歴史

ソフロロジーは、1960年にスペインの精神科医が提唱した、精神の安定と調和を得るための学問です。

現在この学問は、産婦人科のみならず、精神科、循環器科、消化器科、歯科など、医学の諸分野において活用されています。

1972年、産科にこの学問が初めて導入され、ラマーズ法を超えた分娩法として、パリを中心にヨーロッパの医学大学などでも広く行われていました。

この分娩法は、松永昭博士によって1987年、フランスより日本にもたらされました。

そして、日本ソフロロジー法研究会を設立し、
初代会長に就任しました。
ソフロロジー法は、この松永博士により
研究、改良を重ねられ、
分娩まで麻酔をしなくても、
十分に陣痛を緩和できるようになり、
さらに優れた分娩法へと進化しました。
松永博士は、ソフロロジー法を大成し、
その功績をたたえられ、
国際ソフロロジー学会賞を受賞しています。
今では逆に、この日本における
ソフロロジー法が、ヨーロッパをはじめ、
アメリカなど世界中に注目され、
世界をリードしています。

イラストでわかる
ソフロロジー法
おはよう赤ちゃん
よろしくね
このひとがボクのママ？
うれしいな！
①妊娠中から
おなかの中の赤ちゃんと対話する
私の赤ちゃん
かわいい
愛しい
②母性愛ホルモンが出て
母性が確立する
私 この子のお母さんなんだ……
③お産への心の準備が
でき上がる
予定日が近づいてくると
いよいよ逢える!!
6月
④もうすぐ赤ちゃんに逢える喜び、
待ち遠しさが生まれる
わくわく
バイバイ
不安
恐怖
⑤お産や陣痛の不安・
恐怖が自然と遠のく

陣痛がやってきた！
一緒にがんばろう！
ママ〜!!
⑥おなかの中の赤ちゃんと一緒にがんばっている感じ
そうそう上手だよ〜
ん——
⑦陣痛の痛みは赤ちゃんを生み出すための大切なエネルギーと思える
無事に出産、赤ちゃんと対面
⑧大きな感動と喜び
赤ちゃんへの自信
自分への自信
育児への自信
⑨自信が生まれる
母乳もたくさん出る
ゴクゴク
⑩お産後も精神的・肉体的に元気

産婦人科の先生に聞きたい！ Q&A

日常生活編

Q 妊娠中は旅行に行ってもいいですか？

妊娠中の旅行、特に遠出はおなかの赤ちゃんの負担になることが起きる可能性があります。

長距離の移動は、大人でも負担がかかります。

旅行や遠出は、日常とは違います。

知らない場所・知らない土地での過ごし方は、非日常です。予期せぬことも起こりえます。

いつもとは違い、朝起きる時間も食事の内容も異なることが多いでしょう。

おなかの赤ちゃんは、少し非日常に戸惑います。

旅行や遠出をするより、住んでいる町内をゆっくり散歩しましょう。

おなかの赤ちゃんも、きっと喜びます。

Q 妊娠中に髪を染めたり、パーマをかけたりしてもいいですか？

妊娠中でなくても、髪を染めたりパーマをかけたりする機会はあります。

基本的に人体に害を与えるものは、使用されていないと考えます。

だから、妊娠中に髪を染めたりパーマをかけたりしてはいけないということはありません。

ただ、妊娠中はお肌がデリケートになっている方もいます。髪や地肌がいつもより髪を染める液やパーマ液に敏感になっていることがあるので、注意しましょう。

もう一つ気をつけることは、姿勢です。

髪を染めたりパーマをかけたりするには、ある程度同じ体勢・姿勢を一定時間保たなければなりません。

その姿勢や体勢がおなかに負担をかけることもある、ということを覚えておいてください。

Q 妊娠中にプールや海、温泉に入ってもいいですか？

プールや海に入ることが決してダメなわけではありません。

注意することは、下半身を冷やさないことです。下半身が冷えると、おなかが張りやすくなります。

長時間の入水は避け、プールや海から出た後は身体を冷やさないように注意しましょう。

また、温泉に入ってはいけないということはありません。

ただ、不特定多数の人々が利用する温泉施設には、衛生上十分に気をつけましょう。

Q 妊娠中に性交渉をしてもいいですか？

妊娠中の性交渉は可能です。

おなか（子宮）に過度な刺激を与えないように注意しましょう。

感染症や早産予防のために、妊娠中の性行為には必ずコンドームなどを使用しましょう。

Q 虫歯がありますが、歯科医院に行ってもいいですか？

妊娠中の歯のケアは、とても大切です。
治療が必要な場合は、積極的に治療しましょう。
もちろん、歯医者さんには妊娠していることをきちんと告げましょう。

Q 感染症予防について教えてください。

妊娠中に気をつける感染症は、存在します。
基本は、よく手を洗うこと。食事で生ものは避けること。
すでにお子さんのいらっしゃる方は、お子さんと口移しで食事をしないことなどです。

Q 妊娠といってもしばらくの間のことなので、タバコはやめなくてもいいでしょうか。

タバコを吸う親御さんは、時に独り言のように、こう、仰《おっしゃ》います。

「この前、友だちが『別に大丈夫だったわよ。私も妊娠中やめられなくて、ずっとタバコを吸ってたけど、普通に生まれたし、子どもも元気にしてるわよ』って言ってたから……」

「妻が妊娠したからといって、タバコをやめるのはストレスのほうが大きいし、少しぐらいならいいだろう……」

果たして、本当にそうでしょうか？

妊娠中に、お母さんや周りの人がタバコを

吸うと、おなかの赤ちゃんの脳を傷つけるといわれています。

「集中力がない」「キレやすい」子どもの原因の1つと考えられています。

赤ちゃんも一人の立派な人間です。

赤ちゃんの人生のスタートは、お母さんのおなかの中です。

自分の人生のスタートなのに、赤ちゃんは自分自身でそのスタートを決断し、コントロールすることはできません。全てお母さんに委《ゆだ》ねています。

赤ちゃんも健康で、長生きしたいと思っています。お母さんが、そう思っているのと同じように。

お母さんが、おなかの中の赤ちゃんだとして、自分の人生のスタートを不安なものにしたくないですよね。

赤ちゃんだって、一緒です。

2
育む

おもやい

おなかの中から、赤ちゃんとお母さんが
こころを触れ合い、語り合い、
そして出産直後に見つめ合っている
シーンを描いています。

妊娠中の生活はどうしたらいい？

——当たり前のことを、当たり前に楽しみましょう

「おめでとうございます。妊娠2カ月ですよ」

と、私がお母さんに申し上げると、

「先生！　今日から一体何をどうやって、どう気をつけて生活したらいいんですか？」

と聞かれるお母さんは少なくありません。

　私が基本、お伝えすることは、

「特別なことはありません。今日から今までしたことのない、特別なことをする必要はありません」

ということです。

　そして、

●規則正しく生活をする。偏食をしない
●赤ちゃんにたくさん話しかける
●お母さんもお父さんも、これからの生活で、何か行動する時、そのことがおなかの大切な赤ちゃんにとって、大切なのか・必要なのか考えて行動する

この3つです。

規則正しく生活し、偏食をしない。

これって、妊娠していなくても大事なことですよね。

誰もが分かってる、当たり前のこと。

でも、この〝当たり前〟が実はとても難しい。

そのことを、また誰もが知っている。

おなかの中に大切な赤ちゃんがやってきてくれたということは、〝当たり前のことを当たり前に行うチャンス〟を赤ちゃんがくれた、ということだと思っています。

おなかの赤ちゃんは、100パーセントお母さんに依存しています。

赤ちゃんの意思で、睡眠時間や食材を選べません。

全て、お母さん・お父さんに委《ゆだ》ねています。

チャンス到来。

赤ちゃんが気づかせてくれた、心身の調和の取れた生活を送るチャンスです。

親子3人（赤ちゃん・お母さん・お父さん）、そして家族みんなで、楽しい生活を今日から始めましょう。

妊婦健診は、おなかの赤ちゃんとの面会日

妊婦健診は、お母さんにとって、おなかの中の赤ちゃんとの面会日です。

超音波検査の画面に映る赤ちゃんを見て、

「先生、赤ちゃんのお鼻低くないですか？　お口、たらこ唇みたいじゃあない？」と、思わず言っちゃうお母さんがいます。

「そんなことないよ、あら！　かわいいお鼻とお口って、言ってあげてよ。お母さんが褒めてあげると、赤ちゃんもいちばんうれしいよ」と、私はいつも言います。

実際、超音波検査では、お水（羊水）を通して赤ちゃんを見ているので、少しお鼻もお口も大きく見えることがあります。

「そ、そうでしたね！　先生、あら～かわいい～！」って、お母さんたちは言い

直してくれます。

赤ちゃんは、お母さんに褒められることが、いちばんうれしいんです。


妊婦健診に来るお母さんの中には、シャイなお母さんもいます。

人前で話すのが、少し苦手なお母さん。

「心配なことない？」

「不安なことない？」

と私が尋ねても、小さな声で、

「いえ……別に……」とささやきます。

そんな時は、奥の手を使います。

大好きな赤ちゃんの写真をこっそり撮っておいて、そ〜っとお母さんにお見せする。

「あら〜かわいい！　いつ撮ったんですか！」

「あげる！」

「いいんですか！　ありがとうございます！」

お母さんはニッコリします。それから会話も弾みます。

心配なこと、不安なことが、た〜っくさん、お母さんの口から出てきます。

えがお、エガオ、赤ちゃんの魔法。お母さんがうれしいと、赤ちゃんもうれしいのです。


「妊婦検診の時間が限られている中、小さいことでも、気になっていることは、先生に聞いても大丈夫なのでしょうか」

と心配される方がいます。

お母さんが、妊娠中から心身ともに安定した、調和の取れた生活を送ることが、おなかの中の大切な赤ちゃんへの最大のプレゼントです。

だから、お母さんが不安になると、おなかの赤ちゃんまで不安になってしまいます。

分からないこと、聞きたいことは、遠慮せず、赤ちゃんのためにもたくさん聞いてみましょう。

胎教って、ほんとは何？

赤ちゃんが、おなかの中で少しずつ育まれ、大きくなってくると、やがて胎動を感じるようになります。

胎動は、感覚の問題です。

ですから、赤ちゃんの動き（胎動）を敏感に感じるお母さんもいれば、赤ちゃんが元気に動いていても、胎動が分かりづらいお母さんもいらっしゃいます。

いずれにしても「そろそろ胎教を」と考える時期だと思います。でも「胎教」って、一体何でしょう？

「胎教」とは、あまり慣れ親しんでいない、クラシック音楽などを聴くことではありません。

おなかの中の大事な赤ちゃんは、お母さんと一心同体・心身一如《いちにょ》です。

お母さんが好きじゃない音楽を無理やり聴いても、赤ちゃんはうれしくありません。

反対に、お母さんがリラックスできる音楽なら、おなかの中の赤ちゃんもとても気持ちが良く、安心するのです。

おなかの中の大事な赤ちゃんに、お母さんが絵本を読む、一緒に散歩をする、それも立派な「胎教」なのです。

そして何より、いちばんの「胎教」とは、「お母さんがおなかの中の赤ちゃんに何でも話す」ことなのです。

「今日は、面白いことがあったよ〜。聞いて、聴いて赤ちゃん」

「今日はお母さん、イライラしてるの、ちょっと赤ちゃん、お母さんの愚痴聴いてくれる〜？」

が胎教です。

● 胎教といっても特別なことではありません

うれしい時も悲しい時も、赤ちゃんはいつもあなたと一緒です

赤ちゃんとお母さんは、一心同体。
お母さんがうれしいと赤ちゃんもうれしい。
お母さんが楽しいと赤ちゃんも楽しい。
お母さんが悲しいと赤ちゃんも悲しい。
お母さんが寂しいと赤ちゃんも寂しい。

赤ちゃんは、おなかの中でちゃんと耳も聞こえている。記憶する能力もある。
赤ちゃんは、世界中でお母さんがいちばん大好き。だから、お母さんの声が聴きたい。お母さんとお話がしたい。

100パーセント、お母さんに依存して生きている赤ちゃんは、お母さんを信頼しています。**世界中でいちばん誰の声が聴きたいかというと、それはお母さんの声なのです。**お母さんの声が聴きたい、お母さんとお話ししたい、と赤ちゃんは想っています。

「ちょっとお母さん、今日一日ぐらいは一人にして」
「もうちょっと静かに一人にさせてよ」
と赤ちゃんが思うくらい、いっぱい話しかけてください。

「でも、こんなに落ち込んだり、悲しい思いをしていたりしたら、おなかの赤ちゃんにも悪影響を与えるんじゃ……」と考えるお母さんもいるかもしれません。

でも、その心配は要りません。こんなエピソードがあります。

赤ちゃんとともに元気に退院したお母さん。退院後、赤ちゃんとの生活の中で、よくお母さんたちは、私に質問（不安）をぶつけてこられます。

「良平先生、赤ちゃんが今日はあんまりおっぱい飲まないんです。今日はあんまり寝ないんです」

「今日は、あんまり泣かないんです。今日はあんまりうんちしないんです」

「今日は……、今日は……」

って、不安を漏らします。

私が、お母さんにお答えすることは、

「お母さん、お母さんは24時間・365日絶好調なの？」

「頭痛い時だってあるし、あんまり眠れない日もあるし、食欲ない日だってあるでしょ」

それって、普通なことです、それが、日常です。

ちょっと頭が痛いからって、少し眠れなかったからって、あんまり食欲がなくっても、それが全て病気じゃありません。**好調や、不調の波があって、みんな生きてます。みんな生活しています。それは、自然なことです。**

赤ちゃんだって、24時間・365日絶好調ではありません。赤ちゃんの体調も日によって、波があるし、長い目で見て、大丈夫なら心配は要りません。

赤ちゃんもお母さんと同じ。同じ人間。人間だから感情があります。こころも身体も変化します。うれしい時・楽しい時・悲しい時・寂しい時はあります。赤ちゃんも同じです。おなかの中の赤ちゃんは、お母さん全てを受け入れています。寂しいから、悲しいからダメではありません。時に寂しい・悲しい・イライラするお母さんでも、赤ちゃんは受け入れています。そんな心の、そんな身体のお母さんの状態だって、赤ちゃんは、共感しているのです。

赤ちゃんとお母さんは、一心同体。心身一如《いちにょ》。

ソフロロジーでは、本当は一心同体ではなく、心身一如《いちにょ》と考えます。しかし、心身一如《いちにょ》は表現が難しいので、私はあえて一心同体という表現を使っています。

こんなにイライラしたり、嫌な思いをしたりしていたら、赤ちゃんにまで悪影響を与えてしまう……、なんてことは全然ありません。

ありのままに受け入れるのがソフロロジーです。それが私の想いです。

だって、人間ですから。それが本当の心身一如《いちにょ》、一心同体ということなのです。

ずーーん
おかあさん げんきない みたい
どうしたのかな?
しくしく
あれ あれ
ないてるの?
フレー フレーー!!
こんどは おこってる?
おかあさん いそがしいね
わらってる……
赤ちゃんは
泣いているお母さんも
怒っているお母さんも
笑っているお母さんも
みんな大好き
お母さんの全てを受け入れて、共感しています

ながら対話で十分、やがて赤ちゃんが夢にまで出てきます

「おなかの中の赤ちゃんに話しかける」といっても、話しかけるために特別な時間を、毎日、毎日作る必要はありません。

毎日、何時から何時まで「胎教タイム！」。胎教タイム宣言をして、その時間には家事をしない、テレビも消す、携帯電話の電源を切る、おなかの赤ちゃん以外とは誰とも話さない……。

なんてことをする必要は、全くありません。

〝ながら〟対話（会話）で十分です。

洗濯物をたたみながら、テレビ見ながら、食器洗いながら、湯舟につかりながら。もちろん、会話にはおなかの赤ちゃんのお父さん、ご家族、近所のおばちゃんも参加して全然問題ありません。

みんなで楽しく会話しましょう。

お母さんたちに、「赤ちゃんと、どんな話をするの？」と聞くと、「今日は暑いね」「今日は天気がいいから、お母さん布団干すよ」とか、ご飯のおかずを説明する、というお母さんもいます。

テレビを見ながら、「今のところ面白かったね」と何気なく思ったことを、おなかの赤ちゃんに話しているお母さんもいます。

時に声に出して、時に心の中で話をしているのですね。

そうやって、赤ちゃんと話をするお母さんは、「最近、よく赤ちゃんが夢に出てきます」と言います。「どんな夢を見るの？」と私が聞くと、「初めて抱っこしている夢」「おっぱいを飲ませている夢」などと言われます。

そして必ずそのあとに、「早く逢いたいです」とか、「早く抱きしめたいです」と言います。

予定日が近づくということは、赤ちゃんに逢える、抱っこもできるということです。

陣痛の不安や怖さよりも、「赤ちゃんに早く逢いたい」という気持ちのほうが、どんどん大きくなっていきます。そうすると、不安な気持ちを、知らないうちにどこかに置き忘れてしまうのです。

おなかの赤ちゃんに、いっぱい話をすると、母性愛ホルモンが出てくるようになります。これが、赤ちゃんを夢に出してくれるのです。

このホルモンの量こそが、自分の意思では絶対に切り替えることのできない「痛みを切り替えるスイッチ」を入れてくれるのです。

「でも先生、忙しくて、なかなか、おなかの赤ちゃんに語りかけができません」と言うお母さんもいます。そんな時は、

「そうですかぁ〜、赤ちゃんにお話をできないほど忙しいんですね。じゃあ、ほとんど寝ていないし、食べていない日が続いてるってことですね？」と、神妙に聞いてみます。

「いえいえ、そんなことはありません。ちゃんと食べてますし、寝てますよ」

そうですよね、お母さん。どんなに忙しくても、ご飯は食べるし、夜は寝ます。

だって、おなかはすくし、眠たくはなる。だから大丈夫です。

寝る時間があったら、ご飯を食べる時間があったら、ちゃんと赤ちゃんにお話ができると思います。そして、それを赤ちゃんは楽しみに待っています。

✕ 忙しいからと言って流されてしまうと……

忙しくても気持ち1つでいくらでもお話ができる

おなかの赤ちゃんは、ちゃんとわかってますよ

「良平先生！　不思議です。明日健診で先生に逢うとわかると、前日の夜は赤ちゃんがとても動くんです！　この間の母親学級なんか、すっごく動いてましたもん！　赤ちゃん、良平先生がわかるんですねぇ〜。良平先生が好きなんですねぇ〜」

ちょっと興奮ぎみに、話してくれるお母さん。

「この間まで逆子で心配でしたが、先生が、赤ちゃんによく相談しなさいって言ったから、ずっと赤ちゃんとお話をしてました」

するど……。

「今日、逆子が直ってました」

と、不思議顔のお母さん。

「赤ちゃん、いろいろな方向に向いてみたかったんだよ。軽い気持ちで気分転換してたら、逆子だ、逆子だって、みんなが騒ぐから、少し驚いてたんじゃないのぉ～」

「そうですかぁ」

赤ちゃんは、何でも知っている。なんでも、わかっているんです。

また、予定日近くになって来られた、別のお母さん。

「いつ赤ちゃん、逢いにきてくれるかなあ～」と私。

「今週は、お姉ちゃん、お兄ちゃんの行事がいろいろあるから、来週以降に逢いにきてねって言ってるんです」とお母さん。

ちゃんとお母さんのお願いを聴いて、その週、逢いにくるのを遠慮していた赤ちゃん。次の健診で、

「もう逢いにきてくれていいんですけどねぇ～」とお母さん。

「赤ちゃんも大変ねぇ～。ちょっと待ってとか、もういいよとか」と私。

「そうですねぇ」と思わず笑っちゃうお母さん。

赤ちゃんも大変です。おなかにいる時からみんなの都合を考えないといけない。
赤ちゃんの都合・予定も考えてあげてね。
赤ちゃんの意見も聴いてあげてね。
みんなの気持ちをちゃ～んと
酌《く》んでくれてるんですから。
お願いね。

column

ソフロロジーのCDを聴くと、どうなるの？

効果① 子宮頸管の熟化を促し、お産をスムーズに

妊娠末期（10カ月）になると、子宮の入り口が軟らかくなり、子宮口が開きやすくなります。

このような変化が、個人差はありますが、早い方で予定日の4週間ほど前から、お産の準備として始まります。

これを「子宮頸管の熟化」といいます。

子宮の入り口は、最終的には10センチくらいまで開きますが、このお

産の準備が十分整ってから陣痛が始まると、子宮の入り口の反応も非常にいいのです。入り口が開きやすくなって、お産がスムーズに進んでいきます。

赤ちゃんにとっても、お母さんにとっても、負担の少ないお産になるのですね。

逆に、お産の下準備がなかなか進まないうちだと、子宮の入り口が硬いまま陣痛が来るということになります。同じ陣痛でも、子宮の入り口が硬いと、入り口の反応が鈍いので、お産の進み具合もゆっくりになります。

ソフロロジー式分娩のCD（イメージトレーニング）は、硬い子宮の入り口を軟らかくして、お産の下準備を促す効果があるといわれています。

毎日聞くことで、子宮頸管の熟化を手助けし、子宮頸管の熟化不全（子宮の入り口が硬いこと）による難産を減らします。

効果② 高いリラックス効果で不安や恐怖を和らげる

ソフロロジーCDの音楽には、さまざまな面から、リラックス効果があることが証明されています。

「音楽療法」「脳波」「音階」それぞれの専門家による実験や検証により、その効果は、研究論文や学会で発表されています。

音楽とともに流れるナレーションの内容も、リラックス効果（眠りに入る間際のうとうとした状態）が得られることが証明されています。この状態を、学問的には**「ソフロリミナルな状態」**といいます。これが最もリラックスした状態だといわれています。

リラックス効果がありますので、妊娠していない時でも、産後でも日常でも、聞き流すことは、とても有意義な効果があります。

赤ちゃんも胎内の時から聞いていますので、お母さんたちは産後も赤ちゃんとよく一緒に聞いています。

すると、お母さんもリラックスしやすいですし、赤ちゃんもよく眠ります。

私は家内と夫婦喧嘩をした際や眠れない夜には、よく聞いています。笑。

CDを聴いていたお母さんたちに、お産のあと、話を聞きました。

——お産（陣痛）の時どうでしたか？

「陣痛が強くなっても、家でCDを聴いていた時のことを思い出して、気持ちが落ち着いていられました」

「赤ちゃんと一緒にがんばって産んだという感じで、自然な気持ちでお産に臨めました」

妊娠中からCDを聴くことで、お産や陣痛への不安・恐怖が自然と遠のくということです。

効果③ 胎教に最適な音楽とナレーション

「リラックスできれば、他の音楽でもいいの？」と聞かれることがあります。

妊婦さんでなくても、イライラしている時、気分が落ち込んでいる時、テンション上げたい時、気分転換したい時に、好きな音楽を聴いたりします。

それは、日常の中で行う、一つのストレス発散方法のようなものです。

もちろん、そういう意味で、お母さんが好きなアーティストの音楽を聴くのはいいことだと思います。

ただここで大切なのは、ソフロロジーの音楽・ナレーションは、妊娠・分娩に特化して創作されているということです。

ちなみに胎教に適した音階・音程は、存在します。チェロなどの音が

胎教によいとされているのは、そのためです。

ですから、胎教という観点で考えた時、毎日の生活の中で、何気なくソフロロジーのＣＤをおなかの中の赤ちゃんとともに聴く・聞き流すことが大切です。

まずは、ソフロロジーのＣＤが、赤ちゃんとお母さんにどのような効果があるのかを、きちんと理解して聴くことです。意味も分からずに聞いたのでは、何に効果があったのか、お母さん自身も分かりません。

ですが、これは、24時間・365日聞いてください、というのではありません。

ソフロロジーのＣＤを聴くことが、母子ともにいいことには違いありませんが、何よりいちばん大事なのは、**「おなかの赤ちゃんとお話をすること」**なのです。

最も簡単に、最も効率よく鍛える「あぐら」のすすめ

お産のための体作りには、ぜひあぐらをかいてほしいと思います。あぐらの姿勢は、妊婦さんにとって、「安産の姿勢」ともいわれています。また、あぐらの姿勢は、お産の下準備を進めるためにも効果があります。

赤ちゃんは、狭くて暗い産道を通ってくるとお話ししましたが、産道にも筋肉があります。

おなかが大きくなってくると、運動不足になります。妊娠の後半、「寝返りするだけでも恥骨が痛い」「足の付け根が痛い」「腰が痛くなってきた」「夜中に足がつって飛び起きた」というお母さんがいます。そういう人は、下半身の筋力が落ちて、柔軟性がなくなり、産道が硬くなりやすいのです。

でもそこを、赤ちゃんは通ってこなければなりません。ということは、その産道も、柔軟性が保たれて軟らかいほうが、当然通りやすいのです。

あぐらの姿勢は、お母さんの弱った下半身の筋肉や、産道の筋肉を、最も簡単で最も効率よく鍛える方法です。ですから自宅で、あぐらで生活するぐらい、あぐらをかいてほしいと思います。夫やお姑さんの前でも、堂々とあぐらをかいたまま、「おかえりなさい」と言ってください。笑。

あぐらは、妊娠中だけではなく、お産の時にもプラスになります。あぐらの姿勢は、リラックスしやすい姿勢でもあるのです。

あぐらに慣れているお母さんは、陣痛が来ても自然とあぐらをかくことができます。そうすることで、リラックスできますし、子宮の入り口が開きやすくなったり、赤ちゃんが下りてきやすくなります。

「安産」について考えてみましょう

お母さんにとって、お産の不安を解消するキーワードは「安産」だと思います。

一般的に考える安産というのは、お産するお母さんが安産するかどうか、という視点から考えられています。

でも、「安産」って何でしょう？　誰のための安産なのでしょうか。

妊娠末期、予定日が近づいてくると、お母さんたちはソワソワ。

いつ赤ちゃんが逢いにきてくれるのか。

安産できるのか。

赤ちゃんは五体満足で、元気に逢いにきてくれるのか、などなど……。

妊婦健診の際に、赤ちゃんのおおよその体重（推定体重）をお知らせします。

「えぇ～、赤ちゃん大きくないですかー？……」

お母さんのこころの「……」は、赤ちゃん大きい、イコール「お産が難産かも？」「不安、心配」といった感じでしょうか。

でも、私はいつも想います。

「えぇ～、赤ちゃん大きくないですかー？」

「赤ちゃん大きくて、赤ちゃんが難産になりませんか⁉」

「狭い産道を通ってくるんだから、大きいと赤ちゃんが大変じゃないですか？心配です」

でも、そう言うお母さんは稀です。

私は、赤ちゃんを中心に考えます。だって、赤ちゃんがいちばん小さいし、弱いし、体力もないし、不安だし。

大きくなったのは、赤ちゃん自身です。

お母さんが大きくなったわけじゃありません。

（お母さんの体重が増えすぎて、大きくなっても困りますが。笑）。

大きくなって、狭い産道をがんばって通ってこなくちゃいけないのは、赤ちゃん自身です。

大変なのは、お母さんじゃなくて、赤ちゃんです。

安産とは、赤ちゃんとお母さんがともに安産することなのです。

また、お産というのは、すべての人が安産ではありません。同時に、すべての人が難産でもありません。

赤ちゃんやお母さんの体重・体格がそれぞれ違うように、お産の進み方も人それぞれです。

陣痛が来て、時間的に早く赤ちゃんが逢いにきてくれた＝安産、ではありません。

陣痛が来て、少し時間がかかって赤ちゃんが逢いにきてくれた＝難産、ではありません。

帝王切開で逢いにきてくれる赤ちゃんもいます。

それぞれの赤ちゃんは、それぞれのペースで逢いにきてくれているのかもしれません。

お産は、どんな経過でも、「赤ちゃんとお母さんとの人生初めての共同作業」

だということです。

だから、お母さん。
赤ちゃんを応援して
あげてください。
赤ちゃんを守れるのは、
お母さんだけですから。

あまり深刻にならなくて大丈夫。いい加減が良い加減

妊娠中のお母さんが、おばあちゃん（お母さんのお母さん）に、いろいろとアドバイスを求めます。

「妊娠中どうだった？」

「よく覚えてない」

「お産の時、どうだった？」

「あんまり覚えてない」

出産後も、おばあちゃんにいろいろと質問をするお母さん。

「おっぱい、どうやって飲ませるの？」

「えぇ～と、えぇ～と」

「げっぷは、どうやって出すの？」

「それは……どうだったっけ」

「良平先生！　母は赤ちゃんのこと、何も覚えていないんですよ。頼りになりません」と、困惑顔です。

大丈夫、お母さん。先輩お母さんたちは、みんな忘れています。でも、忘れても大丈夫。

だって、それでもあなたは、ちゃんと立派に成長しているし、お母さんになれるんですから。

ソフロロジーを学ぼうと、今この本を真剣に読まれているお母さんは、きっと真面目な方だと思います。

真面目はいいこと、真剣は大事。でも深刻にはならないで。

だって、「覚えてない」と言うような、頼りなく思えるお母さん（赤ちゃんのおばあちゃん）にあなたは育てられ、こんなにも健やかに成長したんですから。だから、妊娠中いろいろな心配が出てきても、あんまり深く思い詰めなくて大丈夫。思い詰める必要なんかない。

適当に産んで、適当に育てても人は、ちゃんとそれなりに育つということです。

ここで大事なことは、「適当」とは、「いい加減」という意味ではありません。そういう意味もありますが、本来、「程良《ほどよ》い・ちょうど良い」という真逆《まぎゃく》の意味があるということです。

程良《ほどよ》く産んで、程良《ほどよ》く育てたら、あら不思議！　立派に成長するんです。

あるがままを受け入れましょう。

肩の力を抜きましょう。

眉間《みけん》にしわが寄っていないか、鏡を見てごらんなさい。

こわい顔だと、赤ちゃんもビックリしますよ。

笑って、わらって、すまいる、スマイル。

お母さんが笑えば、赤ちゃんもほほえみますから。

column

大好きな赤ちゃんを笑顔で迎えたいから

「もうすぐ、赤ちゃんが逢いにきてくれますよ」

と、私が告げると、突然つぶやきだすお母さんがいました。

「すまいる、すまいる」

「?」と、疑問を持つ私。

「すまいる、すまいる、すまいる……」

何やら、ぶつぶつ唱え続けるお母さん。

「えぇ〜、大丈夫!? 陣痛の痛さで、お母さんがどうにかなっちゃったのぉ?」と、心配な私。

その後、元気に逢いにきてくれた赤ちゃんに対面して、お母さんが言いました。

先生、実はですね……。

赤ちゃんは、おなかの中にいる時から、耳が聞こえているよ、記憶する能力もあるよ、と先生から教わりました。

だから、おなかの中の赤ちゃんに、たくさんお話をしていました。

お話をしておなかを触ると、赤ちゃんが触った部分を蹴ってくれました。あぁ～、この子は、この声がちゃんとお母さんの声なんだなあ～って、わかってくれていると感じました。だから、毎日毎日たくさんお話をしていました。

すると、ある日考えました。

「こんなに毎日、お話をしてくれるお母さんは、きっと優しいお母さんに違いない」と、赤ちゃんは思っているはず。

赤ちゃんも、お母さんとの出逢いを楽しみに待っているはず。

どんなお顔なのか、楽しみに想像しているはず。

私（お母さん）は、健診の際に超音波検査で、あなた（赤ちゃん）の顔を見て、あなたを想像できている。

そうだ、だから、お産の時は、ニッコリ笑って、笑顔で迎えよう。

私がもし、怖い顔をしていたら、赤ちゃんが逢いにきてくれた時、「想像していたお母さんと全然違う！」って、おなかの中に戻っていったら困るから。

だから、満面の笑みで赤ちゃんを迎えようと、心に決めていました。

先生が「もうすぐだよ」って言ったから、「スマイル、スマイル。笑って、笑って」って、自分に言い聞かせながらお産したんです。

すてきなお母さん。

赤ちゃんも、きっと想像以上にうれしかったと思いますよ。

産婦人科の
先生に
聞きたい！
Q&A

妊娠・出産編

Q つわりがひどいのですが、赤ちゃんもつらいのでしょうか。

つわりは、個人差はありますが、ある一定期間続きます。
つわりがひどい場合は、通院や入院が必要な場合もあります。
妊娠しているからこそ、つわりがあります。
つわりは、お母さんがまだ胎動を感じない時期に経験することが多いものです。

「お母さん、ここに私はいるよ」の赤ちゃんからのサインだと考えましょう。

必ずしも赤ちゃんもつらいわけではありませんが、水分を取るのもつらい場合は、先生に相談しましょう。

Q 一日中、だるくて眠くて何もする気になれず、落ち込んでしまいます。

妊娠すると、心身ともに劇的に変化します。

その変化に、こころもからだもすぐに順応できない場合もあります。

急に悲しくなったり、眠れなくなったりする日もあります。

あるがままを受け入れましょう。

〝ちゃんとしなきゃ〟とか〝きちんとしなきゃ〟は要りません。

そのままでよいのです。

そのことを周りの方々にも理解してもらい、支援してもらいましょう。

Q 逆子体操をしても、少しも逆子が直りません。直らなければ帝王切開だと言われてしまいました。

結果的に、逆子が直らず帝王切開になる赤ちゃんもいます。

基本的に、赤ちゃんは頭が重たいので、重力の関係で自然と頭が下になります。

だから、自然と逆子の赤ちゃんのほうが少なくなります。

けれど、ずっと逆子の赤ちゃんも存在します。

逆子は、赤ちゃん自身の胎位（胎内での姿勢のこと。逆子といってもいろいろな姿勢があります）や体格、お母さんの骨盤の形などが関係していると思われます。

結局、逆子のままの赤ちゃんには、これもそれなりの意味があると私は考えます。

そこには、赤ちゃんの意思や赤ちゃんの意思に反することが存在するはず

です。

逆子＝悪いでは、決してありません。

全てのことには、意味がある。

意味がないことなんて、一つもないですから。

帝王切開でも立派なお産です。

なぜなら、帝王切開でも赤ちゃんとお母さんが一緒にがんばって、乗り越えることには変わりはありませんから。

帝王切開も赤ちゃんとお母さんとの人生最初の共同作業なのです。

Q 切迫早産と言われましたが、とにかく安静にするのがいいのでしょうか。

切迫早産とは、早産になりかかっている状態のことです。

赤ちゃんの身体の機能が、まだ十分でき上がっていない状態で生まれてくる早産は、障害や後遺症を発症するリスクを高めてしまいます。

安静の度合いは、おなかの張り（子宮収縮）の程度によって異なります。張りが1日に数回なら生理的範囲内ですが、1時間に数回は普通ではありません。

家事や仕事中、おなかが張っても、安静にしてすぐに治まるなら、大きな問題はありません。

しかし、安静にしても治まらなければ、家事や仕事を軽減するか、休むことを考えなければなりません。状態が改善しなければ、病院に連絡・相談しましょう。

お母さんが、毎日家事や仕事をがんばってくれているのは、おなかの赤ちゃんはちゃんと知っていますし、感謝していますよ。

だからこそ、赤ちゃんのためにも決して無理はしないでほしいのです。

おなかの中の赤ちゃんの状態に、1番に気づいてあげられるのは、お母さんです。

3 出逢う

うぶみ

絶え間ない命の躍動、大自然へと息吹く
出産の瞬間をイメージし、
その命との出逢いの感動を伝えています。

「生まれる・産まれる」ではなく、「出逢う」

私のクリニックでは、「生まれる・産まれる」と言う表現をあえて使いません。「もうすぐ、生まれますよ」ではなく、「もうすぐ、逢えますよ」と、表現します。

「生まれましたね」ではなく、「逢えましたね」と、お母さんに伝えます。

ソフロロジー的な考え方、捉《とら》え方が、いつの間にか自然とそのような表現を私たちに届けてくれました。

だから、お母さんたちも「もうすぐ、逢える」「逢いにきてくれて、ありがとう」と自然と表現されています。

お産の時、いちばん不安でつらいのは誰？

お母さんたちが陣痛で入院中診察で私はよく目をつぶっている時があります
それは寝ているのではありませんよ
おなかの赤ちゃんと話をしているのです
あ せんせい！
せんせい どうしたらいいの？ こんなせまいところ、とおっていけるかな すごくふあん
……
ぼくもっとここにいたいよ ひとりでできるかな
うんうん
コワイよう

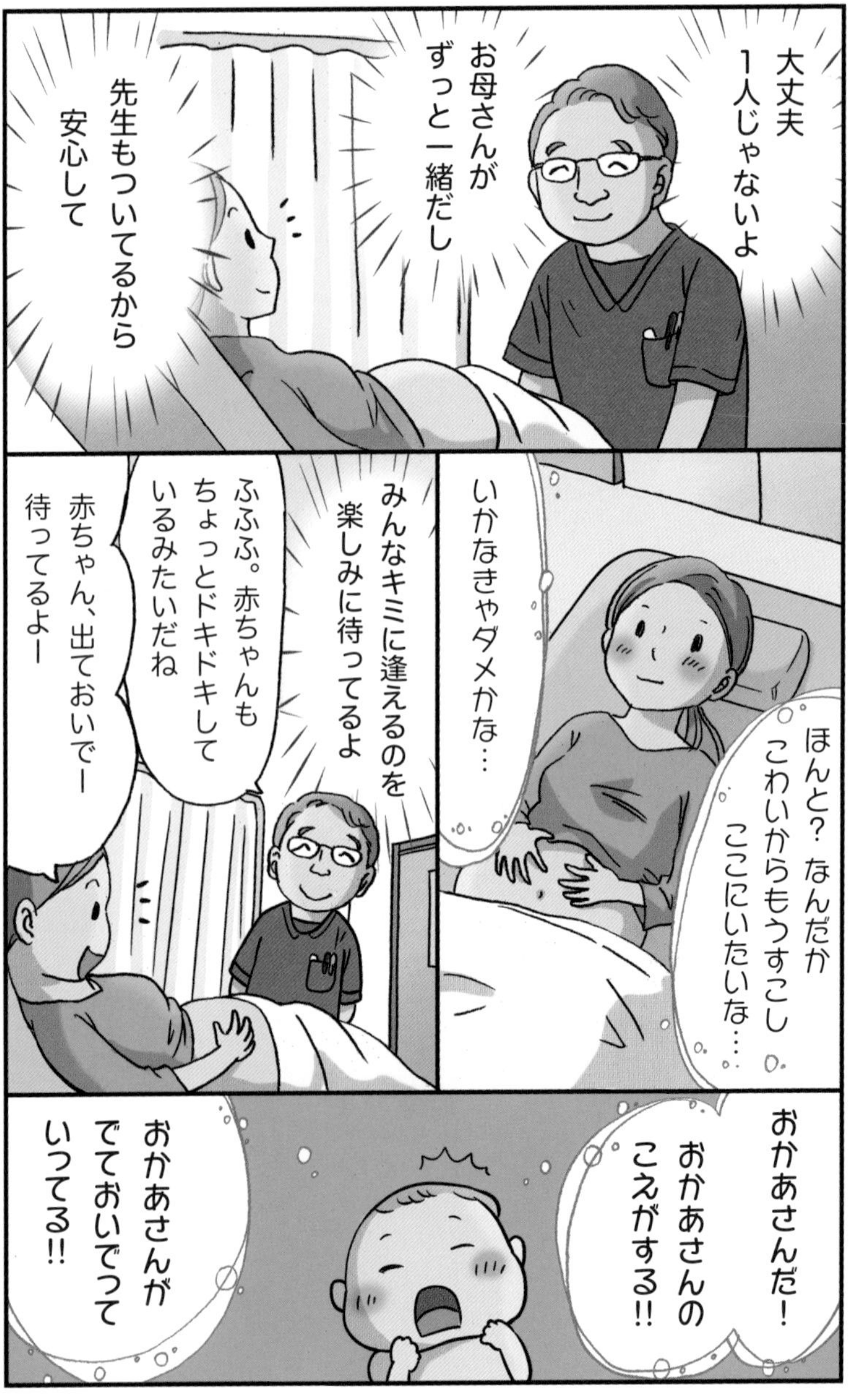

大丈夫
1人じゃないよ
お母さんが
ずっと一緒だし
先生もついてるから
安心して
いかなきゃダメかな…
ほんと？ なんだか
こわいからもうすこし
ここにいたいな…
みんなキミに逢えるのを
楽しみに待ってるよ
ふふふ。赤ちゃんも
ちょっとドキドキして
いるみたいだね
赤ちゃん、出ておいでー
待ってるよー
おかあさんだ！
おかあさんの
こえがする!!
おかあさんが
でておいでって
いってる!!

あそこをとおったら
おかあさんにあえるの?
ぼくにも
できるかな
できるよ
大丈夫!
せんせい……
くらくて
こわいけど
おかあさんと
いっしょに
がんばるよ
ここはいちばんの
ちかみちだから
がんばってでていくよ
よし! 準備はできました
お母さん
赤ちゃんがんばって
くれますよ
ハイ!
おなかの中の大事な
赤ちゃんこそがお産の時
いちばん不安なのです

いよいよ出産、イメージトレーニングをしてみましょう

さあ、一緒に練習しましょう。
とっても簡単です。
まず、あぐらをかきましょう。
あぐらは、リラックスしやすい姿勢です。
お母さんがリラックスすると、
おなかの中の赤ちゃんもリラックスできます。
おなかの大事な赤ちゃんにそっと触れましょう。
目も閉じてみましょう。
目を閉じて、意識を集中して、
おなかの中の赤ちゃんのことだけを考えましょう。

お母さんが赤ちゃんのことばかり考えると、
それはすぐ赤ちゃんに伝わります。
お母さんがリラックスすると、
おなかの中の赤ちゃんもリラックスできます。
お母さんが楽しいと赤ちゃんも楽しい。
お母さんがうれしいと赤ちゃんもうれしい。
お母さんが悲しいと赤ちゃんも悲しい。
お母さんが寂しいと赤ちゃんも寂しい。
赤ちゃんとお母さんは、こころもからだも一心同体。
さあ、陣痛がやってきたと考えてみましょう。
お母さんの陣痛は、子宮のみ、下腹部の一部分だけに来ます。
お顔や肩や手、お尻、足などには、陣痛はやってきません。
子宮という身体の一部分にしか来ません。
そして、陣痛は急には強くなりません。
徐々に徐々にやってきます。

少しずつ少しずつ強くなってきます。
すると、おなかの中の大事な赤ちゃんにも
陣痛がやってきました。
赤ちゃんは、お母さんとは違い、
頭の先からつま先まで、全身に痛みが来ます。
そうです。
赤ちゃんは、こんなにも小さくてか弱くて体力が
ないのに、お母さんの何十倍もの痛い思いをするのです。
さあ、赤ちゃんにも陣痛がやってきました。
赤ちゃんがストレスを受け始めました、
体力を消耗してきました、酸素不足になってきました。
さあ、お母さんの出番です。
おなかの大事な赤ちゃんには、お母さんしか酸素を届けられません。
細く、ゆっくりと長〜く吐いてみましょう。
赤ちゃんにたくさん酸素を届けましょう。

赤ちゃんのストレスや体力消耗を最小限にしてあげましょう。
赤ちゃんの痛み、つらさを和らげてあげましょう。
それは、お母さんにしかできません。
吐き切ったら、吸うことは意識しなくて大丈夫です。
きちんと吐き切ったら、自然に吸うので、
吐くことだけに集中しましょう。
自然に吸ったら、またゆっくりと吐いてみましょう。
ただ、繰り返してみましょう。
おなかの大事な赤ちゃんに酸素は
お母さんしか届けられません。
大事な赤ちゃんのつらさ、痛みを
和らげてあげてください。
それは、お母さんにしかできないのです。

ソフロロジー式呼吸法のレッスン

陣痛が来た時、赤ちゃんはストレスを受け、体力を消耗するとお話ししましたが、もっと言うと、全身をギューッと締めつけられて、酸素不足になるのです。お産の時、私は赤ちゃんにギューッとストレスがかかっているのがわかります。酸欠になっているのがわかります。

でも、赤ちゃんに、直接酸素を送ることはできませんから、その時に私が考えることは、もうただ一つです。

お母さんに酸素マスクをつけます。お母さんに酸素を吸ってもらって、お母さんからおなかの赤ちゃんへ酸素を届けます。

それでちょっと一安心、となりますが、お母さんが息を止めたら、赤ちゃんに十分な酸素は行きません。

酸欠になっている赤ちゃんに、酸素をあげることができるのは、お母さんだけなのです。

では、そのためにはどうすればいいでしょうか。陣痛が来ている時の、お母さんの呼吸法に、ポイントがあるのです。

赤ちゃんに酸素を届けることができるのはお母さんだけです

細く、長く、吐くことだけに集中してください

ソフロロジー式呼吸法は、とっても簡単です。酸素を取り入れるのに、最も効率がいいといわれています。

下腹の一部がギューッと痛くなってきたら、ただゆっくりと息を吐きます。痛くなってきたなと思ったら、細く長くフーッと息を吐き続けるのです。吐くことだけを意識して、吸うことは何も考えなくていいです。

なぜ吐くことだけを意識して、吸うことを考えなくていいのかといいますと、しっかり吐いてみると分かります。

吐いたあとに、「吐き続けてください」と言われても、5分も10分も、ずっと吐き続けられる人は、まずいません。何十秒か吐き続けると、もうこれ以上は吐けない、というところに必ず来ます。そうしたら次の瞬間、意識しなくても吸います。人間の肺は、そのようにできているのです。

ですから吐くことだけに集中して、しっかり吐けば、「もう吐き切れない」と

いうところで、意識しなくても自然に吸えます。吸った時に、まだ陣痛が続いていれば、もう1回同じように、細く長く吐けばいいのです。

フッ、フッ、フッ、フッと短く吐くのではなくて、細く長く、優しく吐き続けます。

そのポイントは、1本のろうそくが目の前にあると想像してください。**ろうそくの炎が、少し揺れるぐらいの息の吐き方、炎を吹き消さない程度に細く、長く、優しく吐き続けます。**

これが、最も効率よく赤ちゃんに酸素が行く方法です。酸素が行くことによって、赤ちゃんが受けるストレスや体力消耗も、最小限に抑えることができます。

ソフロロジーの呼吸法
細く、長く、優しく吐き続ける
目の前にろうそくをイメージして
炎が少し揺れるぐらいの強さで

"酸素"
赤ちゃーん 今から酸素を届けるよ～
いくよ～
いっぱい吸ってね～
ふーーー
酸素
酸素
さんそ
…
ぱわん
さんそ
おかあさーん らくになりました よーー♪
ふーーー
酸素
酸素

従来の呼吸法とは、痛みの捉え方が違います

このソフロロジー式呼吸法は、「積極的呼息法」と呼ばれ、陣痛の際にゆっくりと細く長く吐き続けることにより、腹式呼吸となり、陣痛の痛みを和らげる効果もあります。

ソフロロジー法は、あるがままを受け入れ、陣痛は赤ちゃんを生み出すための大切なエネルギーと考えます。

すなわち、ソフロロジー法は陣痛を肯定的に捉《とら》えているのです。

従来の日本で行っている呼吸法「陣痛は、痛くて嫌だから、呼吸でうまく逃げる、かわす」という捉《とら》え方とは、全く違います。

そういう意味で、ソフロロジー式呼吸法は、赤ちゃんに効率よく酸素を送るだけではなく、陣痛の際にゆっくりと細く長く吐き続けることにより腹式呼吸となり、お母さんの陣痛の痛みを和らげる効果もあるということです。

column

ひぃ〜ひぃ〜ふぅ〜ではなくて、もっと簡単！

私のクリニックに里帰りしてくるお母さん。

里帰りしてきた最初の健診には、赤ちゃんのお父さんもよく同伴されます。健診の終わりに

「お父さんも何か聞きたいことありませんか？」

と私が尋ねると、

「あります！　お産の時の呼吸法についてなんですが……」

と真剣な表情で仰《おっしゃ》います。

「いろいろ調べてみました。調べれば、調べるほど分からなくなりました。ひぃ〜ひぃ〜の次は、はぁ〜はぁ〜なんでしょうか？　それともひぃ〜ひぃ〜の次は、ふぅ〜ふぅ〜の呼吸なんでしょうか？」

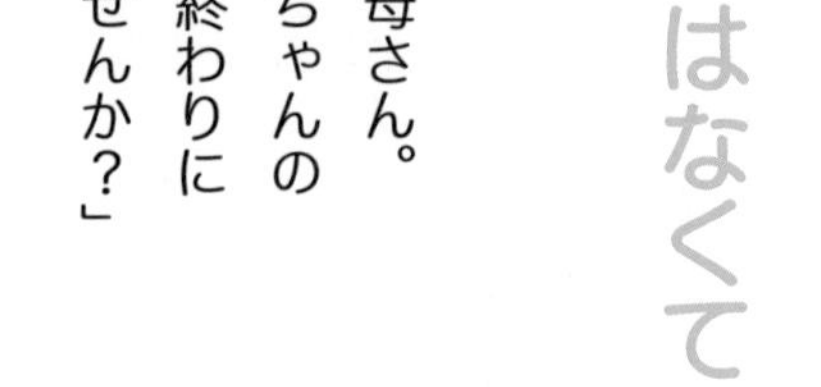

私は、「???」。

「お父さん、もう一度仰《おっしゃ》って」

「だから、先生！　ひぃ～ひぃ～の次は、はぁ～はぁ～なんでしょうか？　それともひぃ～ひぃ～の次は、ふぅ～ふぅ～なんでしょうか？」

真顔で仰《おっしゃ》います。お父さんも真剣なんです。そんな難しい呼吸の仕方なんて、あの痛い陣痛が来ている時にできます!?

本番（お産・陣痛）前に連日連夜、お母さんとお父さん2人で、呼吸法を書いたノートを開いて、ひたすら練習。

いざ、本番！

あの痛い陣痛がやってきている最中、「あぁ～お父さん間違っちゃった！　あんなに練習したのに。ひぃ～ひぃ～の次は、はぁ～はぁ～じゃなくて、ふぅ～ふぅ～だったあぁ～」なんて……。

そんな難しい呼吸の仕方なんて要りません。

ただ、ゆっくりと吐けばいいんです。簡単！

リラックスすれば、赤ちゃんもラクになります

赤ちゃんは、お母さんと一心同体です。100パーセント、お母さんに依存して生きています。

ですから、陣痛の休み時間になると、お母さんは私のために休んでくれるかな、と思いますし、陣痛が来て全身ギューーッと締めつけられている時は、酸素を十分もらえるかな、と不安に思っているのです。

休むというのは、簡単にいうと、「リラックスする」ということです。もっと簡単にいうと、「力を抜く」ということです。

お母さんが、休み時間に力を抜いてリラックスすれば、赤ちゃんは十分休めます。そうすると、赤ちゃんはストレスも体力も十分回復して、次の陣痛にお母さんと一緒に乗り越えていくことができるのです。

私のところでお産するお母さんは、これが分かって赤ちゃんとお産に臨みますので、心と体にゆとりがあります。

本当のリラックスを知ろう！

リラックスするって、実はけっこう難しいんですよ。
緊張とリラックス。
緊張は、すぐできます。リラックスは、集中しないとできません。
リラックス＝力を抜く、と考えてみましょう。
皆さん、あぐらをかいてください。
そして、本当にリラックスしてみてください。
リラックスできましたか？
リラックスした気分になっているだけじゃないですか。
本当のリラックスは、全身の力を抜きます。

目なんか開けていられません。
力を抜きますから、まぶたが重く自然と目を閉じてしまいます。
手も指も自然と開きます。
力を抜くんだから、手をグーになんてできません。
全身の力を抜きますから、ちょっと押されたら倒れます。
そのくらい力を抜くということです。
さあ、全身の力を抜く、本当のリラックスを体感できましたか?
お母さんがリラックスしないと、赤ちゃんはリラックスできません。

誰でもできる4点リラックス法

ここで、実際のお産の時に役立つリラックスのコツをお教えしましょう。
リラックスする＝力を抜くコツです。
すぐに全身リラックスするのは、難しいです。

だから、4点だけリラックス。

4点は、両肘《りょうひじ》と両膝《りょうひざ》の計4カ所です。

両肘《りょうひじ》と両膝《りょうひざ》の力を抜いてみましょう。

両肘《りょうひじ》と両膝《りょうひざ》の力を抜こうとすると、
自然に両肘《りょうひじ》から下、両膝《りょうひざ》から
下の力が抜けます。

すると、徐々に全身の力が
抜けやすくなります。
やってみましょう。

4点リラックス法
両肘 両膝の力を抜くと、
全身の力が抜けやすくなります
ダラ
おかあさん
リラックスしてる？

「力む」お産は赤ちゃんもつらい

では最後の最後、もう実際に赤ちゃんが出てくる時、どうするのか、という話をします。

昔は赤ちゃんが、まさに出てこようとしている時は、「硬いうんちをするみたいに、思いっきり力んで、力入れて！」と言ってお産していました。たぶん皆さんの中には、そうやって生まれてきた方もいると思います。

実はソフロロジー法ができて、それが実は赤ちゃんにとってはけっこうつらい、ということが分かってきました。

なぜかというと、普通は、「ウーンと力む」というのは文字どおり、力を入れることです。力を入れるとは、どういうことでしょうか。

赤ちゃんは、狭い産道を陣痛の力で、ギューッと締めつけられて通ってきます。

お母さんは赤ちゃんを早く産み出そうと思って力を入れるのですが、力を入れることによって、産道の筋肉が、ギューッと締まるのです。締まる、ということは、赤ちゃんがさらに締めつけられてしまう、ということです。

また、力む時は、普通は息を止めます。息を止めるということは、酸素も行きません。

赤ちゃんは、陣痛の力と自然ないきみ感で十分出てこられるのですが、「ウーン」と力を入れることによって、締めつけられてしまうのです。

ですから、お母さんは、自然ないきみ感があれば、それに合わせればよいのです。

意識して、無理に力んだり、息を止めたりする必要はありません。

ママが ちからを ぬいてくれたから
しめつけられないで でてこられた〜
ぬるんっ

お産をスムーズにする「うんちトレーニング」の話

実際にそれを、イメージトレーニングする方法があります。

「うんちトレーニング」です。真面目なお通じ（排便〜うんち）のお話です。

お通じの際、便意を感じたら思わず強く力んじゃう時ありますよね。明日からは、今からお教えする方法でお通じしましょう。

お通じの際、まず力みたいなと思ったら、肛門の筋肉とお尻の筋肉の力を抜きます。力を緩《ゆる》めてから、ソフロロジーの呼吸法のように、フーッと吐きます。

便に酸素は要らないのですが、一応お世話になったものが出てくるのですから、赤ちゃんに酸素をあげるように、ゆっくり「フーッ」と息を吐きましょう。

どうしても力みたかったら、赤ちゃんに酸素をあげるがごとく、「フーッ」と息を吐いたいちばん最後に、「ン」と力を入れます。

ゆっくり息を吐きながら、肛門の筋肉を緩《ゆる》めながら便をすると、何回か練習しているうちに、便が肛門に近づいてきているところから分かるようになります。

「来ている、来ている」というのが分かります。便が肛門をゆっくり割って通過していく感じすら分かります。「第2陣の便が来ているな」ということも分かります。その、便が肛門をゆっくり出てきているという感覚が、狭い産道を赤ちゃんが通ってくる感覚に、非常に近いといわれています。ですから、ゆっくり息を吐きながら、便をしてみてください。そしたら必ずや、その感覚が分かります。

このようなお通じ（排便）をすることで、便秘も改善したり、痔の痛みが和らいだりします。

また、硬いお通じ（コロコロうんち）が改善し、ヘビみたいに長いお通じが出るようになります。

このうんちトレーニングが、私の話の中で、お産の時にいちばんタメになった、と言う人もたくさんいます。笑。

一度では、感覚的に分からないかもしれませんが、お産の時に必ずためになりますので、ぜひ練習してみてください。

ソフロロジーの赤ちゃんは、スーパー元気！

産道の筋肉も緩《ゆる》めて、最後まで力はダラーンと抜く。リラックスすると、産道の筋肉がビヨーンと伸びます。そうすれば、赤ちゃんは締めつけられないので、ストレスも少ないし、出てきやすくなるのです。

息を止めたら酸素が行きません。赤ちゃんが逢いに出てくる頃には、最も強い陣痛が来て、最もストレスを受けて酸素不足になるのですから、最後の最後まで、先ほど紹介したうんちトレーニングで力を抜いて、身体を緩《ゆる》めて、いっぱい酸素をあげてください。

普通の赤ちゃんは、身体が全部出てしまってから「オギャー」と泣けることが多いのですが、ソフロロジーの赤ちゃんは、最後まで、締めつけられずにたくさんの酸素をもらって出てきますので、もう頭が出た時点で泣ける赤ちゃんがたくさんいます。

ソフロロジーの赤ちゃんは、超元気、スーパー元気、「血行のいいピンク色で逢いにきてくれた」とよく言われるのは、そのためです。
ですから、最後まで力を抜いて、いっぱい酸素を赤ちゃんにあげてください。

体験レッスン

赤ちゃんのつらさを知ろう！　体験しよう！

赤ちゃんは、狭くて暗い産道を通ってきます。

何時間も、何十時間もかけて、何十回も、何百回も全身に痛い思いをして。

そんな思いをしてでも、大好きなお母さんに逢いたいのです。

赤ちゃんのつらさを知りましょう。体験してみましょう。

あごつけ

赤ちゃんは、おなか（子宮）の中にいて、いよいよお母さんに逢いにくる！　と決断した時、通ってくる産道を見ていることでしょう。

「あの狭い産道をどうやって、うまく通ってこようかな」って。

赤ちゃんは、考えます。

「狭い産道だから、できるだけ小さくなって、丸まって通らなきゃ」って。

だから、まず小さくなるために顎《あご》をつけます。

顎《あご》を胸につけることによって、身体が丸まり、小さくなれます。

中途半端な顎《あご》つけじゃ、狭い産道は通れません。

けっこう、気合を入れて顎《あご》をつけなきゃ、身体は小さく丸まりません。これが、陣痛が始まり産道を通るために赤ちゃんがする最初の行動です。


陣痛が来ていますから、顎《あご》つけする前に赤ちゃんは頭を締めつけられます。頭を締めつけられた状態で、ぐっぐっ〜と顎《あご》つけします。


お母さん、お父さんも、同じようにやってみましょうよ。

お母さんは、椅子に腰掛けます。

お父さんは、背後に立ってお母さんの頭を両手でぎゅっ〜て締めつけます。

10秒間やってみましょう。けっこう痛いですよ。

次に、お父さんは、お母さんの頭をぎゅっ〜て締めつけながらお母さんの頭をお母さんの胸に押し当てて、お母さんの顎《あご》を

☆頭を締めつけた状態で、あごを胸に押し当てる
ぎゅううう
ぎゅうぎゅう
よーしいくぞ！

胸につけて10秒間カウントしましょう。痛いですよ。たった10秒間でも痛い。

赤ちゃんは、陣痛が来ている時、この顎《あご》つけを最長で50秒近くやります。

どうです？　お母さん、お父さん。次はお父さんにバトンタッチ。

赤ちゃんのつらさを体験できましたか⁉

ぞうきん絞り

赤ちゃんもお母さんとともに、あの痛い陣痛を乗り越えます。陣痛は、波の押し・引きのようなものです。最初から突然強くは、やってきません。陣痛は、徐々に強くなり、ピークを過ぎると、遠のき和らいでいきます。その繰り返しです。

お母さんの片腕を真っすぐ前に出してみましょう。右でも左でも、どちらの腕でもかまいません。お母さんの肘《ひじ》から手首までを子宮と考えましょう。肘《ひじ》から手首までの中の骨が、赤ちゃんです。

最初の頃の陣痛を体験しましょう。

お母さんが伸ばした腕、手首から肘《ひじ》までの間を、お父さんが両手でゆっくりと10秒間握ってみましょう。波の押し・引きのように、最初は優しく、徐々に強く、そして緩《ゆる》めて、ゆっくり離しましょう。

これが、陣痛の〝波〟です。

次は、もう少し強く、長く、30秒ぐらい同じように握ってみましょう。

お父さんの手の跡が、お母さんの腕に残るぐらい、最初は優しく、徐々に強く、そして緩《ゆる》めて、ゆっくり離す。

どうですか？　30秒でも、けっこう痛いですよ。

跡形がつくぐらいですから。

そして、いよいよラスト。

最も強い陣痛を体験しましょう。

〝ぞうきん絞り〟です。

お父さんは、本当にぞうきんを絞るように、両手でお母さんの腕をぎゅっ〜て、絞りましょう。

お母さん、ごめんなさい。

でも、赤ちゃんはこのくらい、いや、これ以上に痛い思いをしているんですよ。

○最初は優しく、徐々に強く
そして緩めて、ゆっくり離す

○上記行動を10秒→30秒
→ぞうきん絞りへと、段々と長く、
強く行うのです

赤ちゃんのつらさは、お母さんだけが知る、体験するものではありません。お待たせしました！　次はお父さんに選手交代。赤ちゃんのつらさを知りましょう。体験しましょう。

番外編　赤ちゃんとお母さんのつらさを体験するには？

お父さん！　出番です。

陣痛は、最初10分置きぐらいでやってきます。そして、徐々にその間隔は短くなっていきます。陣痛の痛みも、最初は数秒、徐々に強くなり、最強で50秒近くやってきます。それが何時間も、長い時は何十時間も続くのです。

その間、十分な睡眠も取れなかったり、食事も満足に食べられなかったり、飲み物を飲むのだって、容易ではありません。それを赤ちゃんとお母さんは一緒に乗り越えていくのです。

お父さん！　たった10秒でいいです。それも10分間隔で。

10分に1回、10秒間、全身に力を入れてください。本気で。

12時間ぐらいでけっこうです。そうですね。午前0時から、お昼の12時までの

12時間。10分に1回、10秒間、全身に力を入れる以外は、何をしていてもかまいません。

食事しても、テレビを見ても、お風呂に入っても、寝ていても構いません。

でも、10分に1回、10秒間は、眉間《みけん》にしわを寄せて、全身に力を入れて、うなってください。

体験してみて分かる。

赤ちゃんとお母さんの大変さ。

お父さん！

明日からゴミ出し、洗濯、食器洗い、率先してやりましょう。

☆10分に1回10秒間 全身に力を入れる
それを12時間続ける

ソフロロジーでは、自然と立ち会い出産

子育ては、すでに妊娠中から始まっています。

かけがえのない生命がおなかの中に宿った瞬間から、あなたは大切な赤ちゃんのお母さんなのです。

だから、ご主人もすでにお父さん。

上にお子さんがいれば、その子たちも、すでにおなかの中の赤ちゃんのお兄ちゃん、お姉ちゃんなのです。

私のクリニックでは、原則全てのお産が、立ち会い出産です。

ですから、帝王切開でも赤ちゃんのお父さんに立ち会っていただきます。

お母さんはもちろん、お父さんも、おなかの赤ちゃんに妊娠中からたくさんお話をします。

ですから、赤ちゃんがお外に逢いにきてくれる前から、すでにお父さんになっています。

赤ちゃんとお母さんとの人生最初の共同作業を、一緒に見守り、応援します。

おなかを優しく触って、おなかの中の赤ちゃんを応援するお母さん。

お母さんの背中や腰をさすりながら、応援するお父さん。

「赤ちゃん大丈夫よ、お母さんが前から、お父さんが後ろからあなたを守っているから、お母さんと一緒にがんばりましょうね」

母と父が赤ちゃんを応援し、守っています。

立ち会い出産は、ソフロロジー式産前教育を受けたお母さん、お父さんにとって、とても自然な行為なのです。

お母さん笑顔、お父さん泣く

立ち会ったお父さんが100人いたら、9割の方が泣きます。みんなボロボロ泣いています。

どうしてそんなに感激して泣けるかというと、あの痛い陣痛を、おなかの大事な赤ちゃんとお母さんが、一緒にがんばって乗り越えてくれた、そして、赤ちゃんが元気に逢いにきてくれた、という現実を目の当たりにするからです。

陣痛が来て、それが徐々に強くなってきて、少し涙目のお母さんがいました。

「陣痛が強くなってきたから、少しつらい？」

と、私がお母さんに尋ねると、

「いいえ、良平先生。陣痛が強くなってきているから、つらくて涙が出ているわけではありません。陣痛が強くなってきているということは、赤ちゃんに逢える時間が近づいてきているということですよね。そう考えると、なんだかうれしくなって涙があふれてきました」

と、お母さん。

それをそばで聞いていた赤ちゃんのお父さんは、

「先生、まだ逢いにきていないのに泣くなんておかしいですよね」と笑顔。

やがて、お産が進み、赤ちゃんが元気にお母さんとお父さんに逢いにきてくれました。

お母さんは、満面の笑み。

でも……お父さんは、感動で涙。

お母さん笑顔。

お父さん泣く。

手当て――立ち会う家族にできること

お産に立ち会うお父さん（家族）。
「見ているだけで……、何もできなくて……」と仰《おっしゃ》るお父さんがいます。
立ち会う人にできることがあります。手当てです。
両手を数回擦《す》り合わせ、願いましょう。赤ちゃんとお母さんのことを。
こころから願って、擦《す》り合わせた両手をそっと、お母さんの腰に当てましょう。
その手のぬくもりがお母さんに伝わったら、お父さんの想いも伝わっています。
妊娠中も、夫婦や家族、一緒にやってみましょう。
互いを想い、相手の腰にそっと手を当ててみましょう。
手のひらから優しい温かさと想いが届きますから。
（やってみてください！　ビックリするほど、優しい温かさが伝わりますから！）

すり
すり

あったか〜い

きょうだいの立ち会い、魂の涙

きょうだいの立ち会いについて、質問されることがあります。

大事なことは、家族みんなが赤ちゃんをおなかにいる時から、すでに家族として迎え入れ、一緒に生活し、お話をしているかです。


こんな話を聞きました。

毎晩寝る時、お母さんが（赤ちゃんの）お姉ちゃんに、絵本を読み聞かせています。

「今日も絵本を読むからね」

「やった！　やったあ〜」と、喜ぶお姉ちゃん。

すると、お母さん。

「ねぇ〜お姉ちゃん、おなかの中の赤ちゃんも、絵本一緒に聞いてもらってい〜い？」

「えぇ〜、私の本を一緒に聞くのぉ〜」とお姉ちゃん、しばし考える。

程なくして納得したのか、

「いいよ！　ママ、赤ちゃんにも絵本読んであげてね」とお姉ちゃん。

「よかったわねぇ〜赤ちゃん、お姉ちゃん優しいねぇ〜」

「じゃあ、赤ちゃん！　お姉ちゃんと一緒に聞いてね」とお母さん。

お母さんは、いつもお姉ちゃんに絵本を読んで聞かせる時、おなかの赤ちゃんも一緒に聞いていいか、お姉ちゃんに尋ねるのです。

今度はお兄ちゃん。明日は、お兄ちゃんの誕生日です。

「お兄ちゃん、明日はお兄ちゃんの誕生日だね！　誕生日プレゼントを、今からお母さんと一緒に買いに行こうね」とお母さん。

お兄ちゃん、大はしゃぎ。

「ねぇ〜お兄ちゃん、おなかの中の赤ちゃんも一緒に連れていっていいかなぁ〜」

「えぇ〜、なんで僕の誕生日プレゼントを買いに行くのに、赤ちゃんも一緒なのぉ？」

しばし、悩むお兄ちゃん。それから、

「いいよ！　おなかの赤ちゃんも一緒に買い物に行っていいよ」とお兄ちゃん。
「あら〜！　赤ちゃんよかったねぇ〜、お兄ちゃん優しいね」
「じゃあ、お兄ちゃんと赤ちゃん、お母さんの3人で、誕生日プレゼントを買いに行きましょうね！」とお母さん。

お母さんは、いつもお兄ちゃんと外出する際には、「3人で行きましょう！」と、お兄ちゃんに声をかけます。

このようなお母さん（お父さん）の、上のお子さんたちへの接し方で、小さな子どもたちも、赤ちゃんが逢いに出てくる前から、おなかの中で元気に動いている時から、すでにお姉ちゃん、お兄ちゃんになっているのです。

だから、心配なことなんてありません。

立ち会った幼いお兄ちゃん・お姉ちゃんが、涙することがあります。
悲しいから、怖いから泣いているのではありません。
私は、魂の涙のように感じます。

こころが泣く、感じて涙があふれる。なぜ涙が流れたのかも自分自身わからな

い。

悲しいわけじゃない、怖いわけじゃない、でも涙が流れる。

幼いこころが動いた、説明できない何かが動いたんだと思います。

幼い子らの、そんな体験はとても尊く、素敵だと想います。

赤ちゃんにも都合があります

予定日過ぎちゃったけど、大丈夫?

出産予定日を過ぎたお母さんは、少し心配になります。
家族は、ソワソワ。だから、お母さんもソワソワ、ドキドキ。
赤ちゃんのおばあちゃんが、お母さんに問います。
「予定日過ぎたけど、大丈夫なの?」
お父さんも心配してきます。
友だちからも電話がかかってきます。
「まだなの～?」って。
でも大丈夫、お母さん。お母さんが不安になると、赤ちゃんも不安になります。

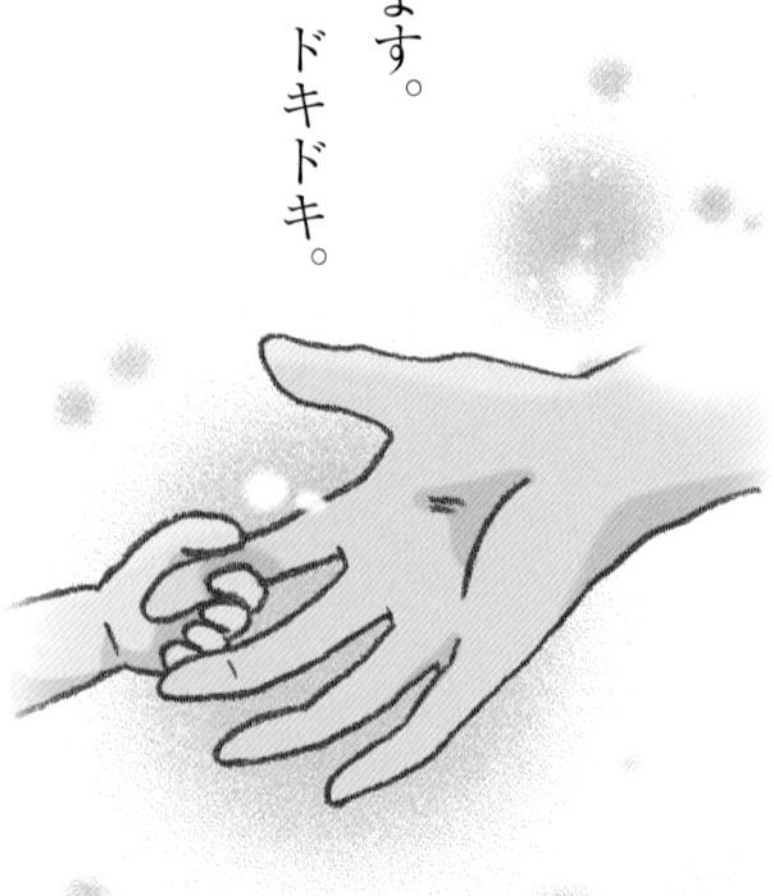

私が、よくアドバイスすることは、

「えっ！　知らなかったの！」

「もう2週間前に出産して、退院してきたよ〜」

友だちから電話がかかってきたら、そう答えなさいって言います。

そのぐらいでちょうどいい。全然心配要りません。

だって、赤ちゃんにも予定と都合があるんですから。

お産の主役は、赤ちゃん、狭くて暗い産道を通ってくるのは、赤ちゃんです。

お母さんでも、お父さんでも、おばあちゃんでもおじいちゃんでも、友だちでもありません。

まずは、赤ちゃんの意見を聴きましょう。

けれど、赤ちゃんとお母さんが元気でお産することが、大事です。

予定日を過ぎた場合や、予定日前でも、赤ちゃんとお母さんの安全のため、計画出産を考えなければならない場合もあります。

そのような時は、お産に関して先生から提案や相談がある場合があります。

おなかの赤ちゃんやお父さんと、よく先生のお話を聴きましょう。

少し早く逢いにくる赤ちゃん

予定より少し早く逢いにくる（早産）赤ちゃんもいます。

予期せぬ早い赤ちゃんとの出逢いにお母さんは、とても不安になり、自分を責めたりもします。

小さく生まれた赤ちゃんは、長い入院生活を送ることとなります。

入院中にたくさんの試練を一つ一つ乗り越え、少しずつ大きくなっていきます。

退院しても、病気しやすかったりして、病院にかかることも少なくありません。

それでも、一つ一つ乗り越えて、赤ちゃんは自分のペースで大きくなっていきます。

そんな少し早く逢いにきた赤ちゃんが無事退院し、元気にお母さんと一緒に私に逢いにきてくれたことがありました。

「退院おめでとうございます！　大きくなりましたね」「お母さん、ありがとうございます。よくがんばりましたね。大変だったでしょう」と、私。

「…とても、大変でした」

涙声で、うつむくお母さん。

「お母さん、抱っこさせてもらっていいですか」「よくがんばったねぇ〜、えらいね〜、いちばんがんばった」と、私は赤ちゃんをねぎらう。

後日、そのお母さんからお手紙が届きました。

「良平先生は、わが子を抱っこしてくれて、よくがんばった、よくがんばったって、何度も子どもを褒めてくれました。

思わず、いちばん大切なことに気づかされました。正直、とても大変でした。でも、いちばんがんばったのは、この小さなこの子だったんだと。

これからもこの子のペースで、一緒にがんばっていきます。そして、よくがんばったねって、いつも褒めていきたいと思います」

お母さん。お母さんも十分がんばっていますよ。ありがとう、お母さん。

帝王切開で逢いにきてくれる赤ちゃん

「帝王切開になったら、ソフロロジー式のお産はできないの？」と心配される方があります。

帝王切開でも、立派なご出産です。たとえ手術でも、お産は赤ちゃんとお母さんとの初めての共同作業に変わりはありません。

おなかの赤ちゃんが、お母さんとともに元気に妊娠中を経過。

予定日が近くなり、自然と陣痛が始まりました。

お産の進行はゆっくり。赤ちゃんもお母さんと一緒にがんばってくれています。

ただ時折……。お産がうまく進まない時もあります。

赤ちゃんが一生懸命に狭くて暗い産道を、お母さんの導きによりがんばって逢いにこようとしても、上手に進めない時もあります。

帝王切開でお産する赤ちゃんとお母さんもたくさんいます。

妊娠中から帝王切開でお産と決まっているお母さんもいます。

「がんばりましょうね。もうすぐ手術が始まるからね」

手術でも、赤ちゃんとお母さんが一緒にがんばることには変わりありません。

「お母さんが、いっぱい酸素をあげてくださいね。お母さんしか、赤ちゃんに酸素を送ることはできませんから」

手術が始まります。

「もうすぐ、逢いにきてくれるよ」

「がんばって！」

「赤ちゃんの声、聞こえる？」

手術中、私はお母さんに声をかけます。

元気に産声を上げる赤ちゃん。お母さんに逢いにきました。すぐにお母さんの元に届けます。

「おめでとうございます！」

「赤ちゃん、元気に逢いにきてくれましたね」

帝王切開でもおなかの大事な赤ちゃんに酸素をあげられるのは、お母さんだけです。

帝王切開でも先生たちは、お手伝いをしているだけです。

お母さんが、手術中にたくさん赤ちゃんに酸素を届けてくれて、応援してくれるからこそ、赤ちゃんが元気に逢いにきてくれるのです。

お母さんありがとう。

帝王切開だって、赤ちゃんとお母さんとの立派な共同作業。

「おめでとうございます」があふれる素敵な瞬間。

産婦人科の先生に聞きたい！ Q&A

産後の気がかり編

Q 赤ちゃんのことを考えると、母子同室がいいでしょうか。

赤ちゃんは、お母さんが大好きですから、お母さんと一緒にいたいのです。

赤ちゃんとお母さんが一緒に過ごすと、自然と赤ちゃんとお母さんのリズムが同調していきます。

赤ちゃんが寝ている時、お母さんも休む、赤ちゃんが起きている時、お母さんが抱っこする・授乳する、といったリズムが自然とできてきます。

けれど、無理はせず、周りのサポートを受けましょう。

完全母児同室にこだわる必要はありません。お母さんの体調に合わせて、少しずつ歩めばよいのです。病院によって、赤ちゃんとお母さんが一緒にいる時間帯や、時間の長さは、さまざまです。

お母さんが赤ちゃんと一緒にいる〝時間の長さ〟が問題ではありません。量より質。一緒にいる時に、赤ちゃんの目を見てお話をする、触れる、抱っこすることが大切なのです。

Q マタニティブルーズや、産後うつにならないか心配です。

赤ちゃんとお母さんが無事に元気にともに退院する日。クリニックを後にする際、私に「先生！　がんばります！」って言うお母さんがいます。そんなお母さんにいつも私は、「育児のコツ知りたい？」って、投げかけます。するると、お母さんは「知りたい！　知りたいです！」って、即答します。

コツは、〝がんばらない〟こと。

だって、もう十分がんばっていますから。だから、がんばらない。

つらい時は、積極的に休む。積極的にさぼる。

これが、大事。

今日は、〝夫やお母さんに協力してもらって、何もしなあ〜い〟も必要です。一人でがんばる必要なんかない。

積極的に甘えましょう。どんどん白旗揚げましょう。無理しない。

それでもつらい日々が続くなら、先生に相談しましょう。

Q アラフォーなので次に妊娠した時が心配です。ソフロロジーなら乗り越えられますか？

高齢出産で、不安がないお母さんはいらっしゃいません。

アラフォーでなくても、もし次に妊娠したらと思って心配な女性はたくさんいると思います。

妊娠は、奇跡です。妊娠できるって、すごいことです。

高齢出産だから、仕事が忙しいから、家庭もバタバタしているから、と心配しているかもしれません。

でも、そんな状況のあなたを赤ちゃんは、選んだのです。

赤ちゃんは、あなたがよかったのです。

幸せなことです。うれしいことです。表彰ものです。笑。

いろいろ心配するより、赤ちゃんが元気に逢いにきてくれて、ニヤニヤして赤ちゃんを抱っこしているあなた自身を想像しましょう。

お母さん似？　お父さん似？　もしかして、おばあちゃん似？

訪れる奇跡の未来を信じて、ワクワクしましょう。

妊娠中に起こるさまざまな出来事も、おなかの中の大切な赤ちゃんとお母さんが、一緒に乗り越えていけばよいと想います。

おなかの中の赤ちゃんとの生活を楽しむことが大切です。

お母さんからおなかの中の大切な赤ちゃんへの最大のプレゼントは、お母

さんが、妊娠中から心身ともに安定した、調和の取れた生活を送ることです。

ソフロロジー法で、全ての問題を解決できるわけではありませんが、この本を読んで、少しでも悩みが解決することを願います。

Q 不妊に悩める女性へ、産婦人科の先生がかけたい言葉は何ですか？

私は、赤ちゃんがお母さんを選んでやってくると考えます。

お母さんに選ばれた方は、とても幸せであると想います。

ただ、お母さんに選んでほしいのに、なかなかお母さんに選ばれない方もいることも事実です。

たくさんの方が不妊で悩んでいらっしゃいます。

お力になれない時は、産婦人科医師として、とてもこころ痛みます。

不妊の原因がさまざま（多くは原因がはっきりしていません）であるように、その悩みも人それぞれであると感じます。

病院に行くことは、とても勇気が要ることです。

ですから、受診された方の悩み・想いを傾聴して、その解決方法を少しでも、ともに考えることが大事であると思います。

不妊の原因は、女性だけではなく、男性側にもある場合があります。ですから、ご主人（パートナー）のご理解と協力が不可欠です。

不妊治療をお受けになる方は、一人で抱え込む方もいらっしゃいます。私たち医療者は、できるだけ寄り添い、ともに考え、共感することが大事であると考えます。

Q ソフロロジーは、どの産院でも取り入れられていますか？取り入れていない産院でソフロロジー式出産をするのは難しいのでしょうか。

日本におけるソフロロジー法は、「日本ソフロロジー法研究会」が主体となり、行っています。

全国に日本ソフロロジー法研究会に所属する病医院があります。それらの病医院を受診されることをお勧めします。所属する病医院は、日本ソフロロジー法研究会のホームページに掲載されています。

ソフロロジーを取り入れてない病医院でも、ソフロロジー的考え方・行動で、十分ソフロロジー式出産をすることは可能です。

この本に書いてあることを理解し、実践すれば大丈夫です。

そして、ソフロロジーを取り入れてない病医院で出産される場合、〝私はこのような考え方で、おなかの赤ちゃんとがんばりたい〟ということを、その病院にお伝えすればよいのです。

大丈夫。あなたとおなかの中の大切な赤ちゃんとなら、素敵なお産ができます。

4

つながる

いのち

生命誕生のドラマがモチーフ。
出産は通過点であり、
その後の赤ちゃんの一生に
ソフロロジー的思考が
つながっていくことを指します。

育児こそ世界で最も重要な仕事である

ソフロロジーを基とした、私のクリニックの企業理念は、

「育児こそ世界で最も重要な仕事である」です。

「育児」とは、赤ちゃんを育てる短い期間を指しているのではありません。

育児とは、赤ちゃんがお母さんを選んでおなかの中に来てくれた瞬間から、赤ちゃんが誕生し（逢いにきてくれた・お外にやってきてくれた）、その後の赤ちゃんの一生を通した期間を指します。

出産は、ゴールではありません。

妊娠→出産→育児とつながる通過点にしかすぎません。

「育児」とは、赤ちゃんの一生を通した期間であり、その期間に関わるすべての人々を意味します。

ソフロロジー法は、単なる出産法ではなく、母と子の絆を深め、母性を醸成させるソフロロジー式産前教育です。この教育を通して、いじめや虐待が無くなることを私は願っています。

赤ちゃんを想い、人間として最大の痛みのひとつである陣痛を、赤ちゃんとの出逢いの喜びに変える〝ソフロロジー的思考〟は、人生哲学としても、とても重要です。

このソフロロジー的な考え方は、

「あるがままを受け入れる」

「物事全てをポジティブに考える（捉《とら》える）」

この2つに集約されると思っています。

明るく健やかに育つ子どもたちの未来にソフロロジーは、必須であると考えます。

全てのこと（もの）には、意味がある

私たちは、毎日の生活の中で、人生において、プラスのこと・マイナスのことが大なり小なり訪れます。

楽しいこと、うれしいこと、悲しいこと、寂しいことを経験します。

良いことも悪いことも、ある意味、起こるべくして起こる、出逢うべくして出逢うと私は考えます。

とてもつらいことや悲しいことを経験すると、「なんで私だけ、なぜ今こんなことが起きるの？」と落ち込みます。

けれど、そのことにも必ず意味があり、そのタイミングで自分自身に訪れる運命があると考えます。

全ては、自身を成長させるチャンスと捉《とら》えます。

加えて、つらいことや悲しいことを経験しても、経験した瞬間、それはすでに過去のこと、終わったことなのです。

だから、終わったことをくよくよ考えなくていい。

だって、終わったことなんですから。終わったんだから、もう心配しなくてよいと考えます。

ある時、おなかの中にいる時から心臓の病気が心配されていた赤ちゃんが誕生し、やはり心臓病があり、入院治療しました。

赤ちゃんの祖母は、なんで私の孫が……と悔やんでいらっしゃいましたが、赤ちゃんの両親は、きちんとその事実を受け止め、

「良平先生、この子は私たち夫婦だから、ちゃんと守ってくれる、育ててくれるって思って、私たちを親に選んでやってきてくれたんですよね」

と仰《おっしゃ》っていました。

もちろん、私は「そのとおり！」とお答えしました。

全てのことには、意味があると考えます。

意味がないことなんて、一つもありません。

それが、ソフロロジーの
「あるがままを受け入れる」
「物事全てをポジティブに
考える（捉《とら》える）」
ということだと思います。
このソフロロジー的な考え
方がたくさんの人々に届き、
ぜひ多くの人の幸せに
つながってほしいと私は
こころから願っています。

何事もあるがままを受け入れる
全てをポジティブに考える
後悔
なんで？
どうして？
あの時こうしていれば……
損した
この子が病気を持ってやってきたのは私たち夫婦ならきっと守ってくれると思ったからだ
こんなにつらいことがあったのはこのことを学ぶためだったんだ！
ソフロロジーの考え方は
人生にも通じます

●魔法の言葉

お産は、赤ちゃんとお母さんとの初めての共同作業。
陣痛は、赤ちゃんを産み出すための大切なエネルギー。
そのことを理解し、お母さんは、赤ちゃんと陣痛を乗り越える。
でも、陣痛は痛い。
「痛い〜いたい〜」って、声漏れちゃうお母さんはいる。
だって、痛いもんねえ〜。
我慢しなくていいよ。
赤ちゃんもがんばっていることをちゃんとわかっているんだから。
痛いって言ってもいいんだよ。
だからそこに一言だけ、付け加えようね。

痛い時「あ～」って、最初に言って。

「あ～」って、言葉の最初に付けて言ってみて。

「あ～いたい」

「逢～いたい」

「逢いたい」

お母さん、ハッとする。

お母さん、ニコッとする。

「そうですね先生、
この痛みは逢える痛みなんですね」

そのとおり！

逢～いたいだよ。

赤ちゃんもがんばっている。

もうすぐ逢えるよ。

私やスタッフがお母さんにかける魔法の言葉。

●歌声

ご出産後、入院されている部屋を廻診。

お母さんに抱かれた赤ちゃんが泣いている。

お母さんは少々困り顔。

「先生……なかなか泣きやみません」

「泣いてるんじゃないの、歌ってるんだよ」

赤ちゃん、さらにヒートアップ。

「ほら！　今、2番の歌詞を歌ってるよ」

そばにいた赤ちゃんのおばあちゃんが思わず笑う。

「おばあちゃん！　いいですよ。ハイ、コーラス入って！」

「お母さんも、一緒にコーラスして！」

お歌の指揮をする私。

部屋中に笑い声が響く。

いつの間にか泣きやんでいる赤ちゃん。
「ほら～ねぇ～」
みんな笑顔。
赤ちゃん安心。
大丈夫。
みんな大丈夫。

●エネルギー

妊婦健診についてきてくれるお兄ちゃん。
付き添いのお兄ちゃん。
「ほら！　じっとしておきなさい！」とお母さん。

「じっとなんかしてられないよねぇ～」と私。
じっとなんかしていられない。
じっとしていたら、具合悪くなっちゃう。
スーパーで走り回る姉弟。
「走らない！　もう連れてこないよ！」とお母さん。
走り回っちゃいけないけど。
じっとなんかできないよね。
だって。
エネルギー有り余ってるもんね。
子どもは1日1日・1分1秒成長。
あふれるパワー全開。
分かるよ。
元こどものおじさんは。

●「安産祈願」

久しぶりにクリニックを訪れたお母さん。
今日は、診察に来られました。
「お久しぶりですね。お子さんは元気ですか？
だいぶ大きくなられたでしょう」
と、私。
「良平先生、おかげさまでとっても大きくなりました。もう中学生です」
と、お母さん。
そこから、わが子への不満をちょっぴりぶちまけられる。
勉強しない。
言うことを聞かない。
返事しない。
洋服を脱ぎ捨てる。

私は、しばし母親の愚痴をニコニコうなずきながら聴いている。
「そうですかぁ〜お母さん、でも息子さんが産まれる時……」
「五体満足ならいい、イケメンじゃなくていい、
勉強できなくてもいい、足遅くてもいいって、言ってたよ」
と、私。
お母さんと私は、思わず見つめ合い、大笑い。
「そうでした、そうでした、そんなこと言ってました。
思い出させてくれてありがとうございます、良平先生」
と、母。
自分の足で歩けて、目も見えて、
耳も聞こえて、お話もできたら、
それで十分じゃないですか。
ねえ、お母さん。

●でびゅ〜

お母さんが職場復帰。
小さなあの子も保育園に入園。
初日。
お母さんがんばった。
あの子もがんばった。
子どもは子どもでたたかっている。
初めての環境で初対面の人たちと交わっている。
お迎え。
いっぱい抱きしめよう。
ギュッとハグしよう。
一心同体。
母とともに子も新しい朝を迎えている。

●食する

昼食にお弁当を注文。
お弁当を届けてくれた人がいる。
お弁当を箱に詰めてくれた人がいる。
お米を炊いてくれた人がいる。
おかずを作ってくれた人がいる。
お弁当の箱を作ってくれた人がいる。
お弁当屋さんに食材を届けてくれた人がいる。
食材を作ってくれた人がいる。
私たちは、食材の「いのち」を頂いている。
「あなたの命を私の命に代えさせていただきます」
だから、〝食べる〟ではなく、〝頂きます〟。
私たちの口に入るまでに、多くの人々の手を介している。

だから、〝ご馳走様〟。
感謝のこころを忘れてはいけない。
食するとは？
考えよう。
いただきます。
ごちそうさま。

●娘母

赤ちゃんが逢いにきた。
ちっちゃいお姉ちゃんとおっきいお姉ちゃんに逢いにきてくれた女の子。
ちっちゃいお姉ちゃんは赤ちゃんに興味津々。

片時も妹（赤ちゃん）から離れない。
抱っこする。
すりすりする。
おっきいお姉ちゃんは……。
お母さんを気遣う。
お母さんに寄り添う。
娘と母。
赤ちゃんが、その距離をさらに近づけてくれる。

● Just be

背伸びしてもよい。

でもそんなに長くは背伸びできない。
ならば……。
そのままでよい。
がんばってもよい。
でもそんなに長くはがんばれない。
ならば……。
そのままで良い。
いっぱいいっぱいになっちゃう。
無理しなくてよい。
あなたは・あなたのままで。
分かってる。
大丈夫。
そのままで。
そのままでいいんだよ。

●違っていい（おもやい会）

毎月クリニックで、１歳のお誕生日会（おもやい会）を開催している。
赤ちゃんがお母さんとともに1年ぶりに帰ってきてくれた。
みんな同じ月に逢いにきてくれたお友だち。
体重も身長も髪の長さも皆違う。
違って当たり前。違ってよし。
比べない。
「み〜んな同じ体重・身長・髪の長さだったら、
こわいよねぇ〜」の私の発言に
お母さんたち、大笑い。
比べない。
みなちがう。
おかえり。ありがとう。

●だからあの子は

だからあの子はあなたを選んでやってきた、ちゃんと知っている。
たなベクリニックでは、たくさんのスタッフが在籍している。
多数のナースが、日々患者様に寄り添っている。
看護師には夜勤業務がある。
愛するわが子と離れ、夜間の業務に当たる。
スタッフの子どもたちは、お母さんの胸で夢を見られない夜がある。
少し寂しいかもしれない。
ちょっと我慢しなければならない。
けれど、幼いこころに母のがんばる姿はきちんと刻まれている。
大好きな折り紙。
母のために折った赤色のお手紙。
覚えたての平仮名で「おしごとがんばって」の文字。

「娘から手紙もらいました」

白衣のポケットから出す大切な赤い折り紙。

ちゃんと知っている。

ちゃんと分かっている。

だからあの子は、あなたを母に選んでやってきた。

●そんな日は来ない

痩せたら、洋服を買おう。

家が片付いたら、読書しよう。

部屋が整理できたら、勉強しよう。

あの上司が転勤したら、仕事がんばろう。

涼しくなったら、ジョギングしよう。

暖かくなったら、早起きしよう。

明日から……やろう。


明日はないと考える。

調子よい未来など来ない。

今与えられている環境下でベストを尽くす。

「○△したら……」

「□○になったら……」

そんな日は、来ない。

今から。

ここから。

変わるのは、あなたの周りではない。

あなた自身である。

●「幸せノート・幸せ日記」

私は毎日幸せノート・日記をつけています。
一日の終わりに〝今日うれしかったことを3つ書く〟のです。
毎日3つ。
意外と書けません。
けれど、どんな小さなこと、ささいなことでもよいのです。
幸せに感じたことを毎日3つ綴《つづ》るのです。
すると、自分自身のこころの変化を知ります。
毎日、宝くじには当たりません。
毎日、びっくりするような、はっぴぃなことは起きません。
だから、うれしかったことへの視点が変わり始めます。
今日、晴れててうれしかった。
今朝、出勤途中にゴミが拾えてよかった。

今朝、出勤途中に小学生と元気に挨拶ができてよかった。
今朝、スタッフと元気に笑顔でハイタッチできてよかった。
今日、お家に帰れてよかった。
あら……不思議。
毎日にこんなにもうれしいことが
たくさんあることに気づきます。
すると脳がポジティブになります。
ささいな小さなことに感謝し始めます。
すると、幸せを感じます。
当たり前の大切さ、尊さに気づきます。
すると、一日が幸せな気持ちで終わります。
幸せ・しあわせ。
感謝・感謝になっちゃいます。

●いま、ここ

子どもを叱ったまま、部屋に返さない。
もう一度呼んで、抱きしめて仲直りする。
叱ったまま、最期を迎えないために。
笑顔で、家を出る。
振り返り、何度も手を振る。
決して、眉間《みけん》にシワを寄せて出掛けない。
それが、妻との最期にならないために。
ハグして、送り出す。
笑顔で手を振る。
見えなくなるまで、手を振る。
それが、妻との最期の別れになってもよいように。
「いま・ここ」に全力。

明日に取っておかない。
明日はないと考える。
後悔しないために。
伝えたいこと。
想いを。
いま。
ここに。

●それでも、あなたが好き

里親となり、子どもたちを養育しているご夫婦とお会いする機会を得た。
ご夫婦には、実のお子様がいない。

ちょうど夕食時、食事が済んだ子どもたちは、
食器を台所へと自ら運ぶ。

「おいしかったよ」

「ご飯作ってくれてありがとう」

と、子どもたちは、口をそろえて言う。

「ハ〜イ！」と里親の母は、食器を受け取る。

正直、とてもビックリ！

なんてお行儀がよく、良い子なの！

そんな私を横目に食器を洗うお母さんから私へのメッセージ。

「先生、この子たちは、私に嫌われたくないんですよ」

「何カ所も施設を渡り歩いて、今こうして私たち夫婦のもとにいる」

「また、どこかにやられるんじゃないかと心配なんですよ」

「だから、私の気を引こうとするんですよ」

「そういうことが、自然と身についているんですよ」

絶句。
言葉が見当たらない。
私の足元で、私を見上げている子どもたち。
こんなに小さいのに、
人目を気遣い、自らのふるまいを考え、毎日を生きている。
選んで、この世にやってきたのに。
なぜにこの子たちは、抱きしめてもらえない。
「でもね先生、親の悪口を言う子はほとんどいないですよ」
私は、自らの無力さに立ちすくむ。
幼児虐待・いじめを少しでも減らしたい。
これから生まれる子どもたちの幸せをこころから願いたい。
微力でもがんばりたい。
前を向き、顔を上げて、熱意と信念のもと、私はわたしのお役目を果たす。

おさらいクイズ

正しいのはどっち？

「なんちゃってソフロロジー」 vs 「本物のソフロロジー」

Q CDを聴くのがソフロロジー？

ソフロロジーのＣＤは、妊娠・出産・育児に特化して制作された音楽です。ＣＤを聴くことで、赤ちゃんとお母さんに大切なリラックス状態が得られます。ＣＤに収められているナレーションも、赤ちゃん・お母さんにとって、とても大切なことを伝えています。

赤ちゃんと一緒に毎日ＢＧＭとして、聞きましょう。

赤ちゃんと一緒に聞く、聞きながら赤ちゃんを想うことが大切です。

（＊96ページ参照）

Q 呼吸法を習得するのがソフロロジー？

ソフロロジーの呼吸法は、とても簡単です。

赤ちゃんに必要な酸素を届ける効果的な方法です。

赤ちゃんを想いながら、練習してみましょう。

（＊130ページ参照）

Q 痛くないのがソフロロジー？

ソフロロジーだからって、陣痛が痛くないわけではありません。

ソフロロジーでは、陣痛を前向きにとらえ、「赤ちゃんを産み出すための大切なエネルギー」と考えます。

（＊38ページ参照）

Q ソフロロジーのお産は叫んだりしないって本当？

叫ぶ・叫ばないは、問題ではありません。

出産を赤ちゃんとお母さんとの人生最初の共同作業と考え、乗り越えることが大切です。

（＊32ページ参照）

Q 帝王切開になったらソフロロジーはできない？

帝王切開でも赤ちゃんとお母さんとの人生最初の共同作業であることに変わりはありません。

お母さんしか届けられない酸素をいっぱい赤ちゃんに届けて、手術を乗り越えましょう。

（＊168ページ参照）

Q ソフロロジー法は、ラマーズ法のような分娩法のこと?

まず、従来のお産の方法は、陣痛と〝戦う〟イメージでした。

ソフロロジーは、あの痛い陣痛を受け入れ、赤ちゃんを産み出すための大切なエネルギーと考えます。

赤ちゃんとお母さんとの人生最初の共同作業であるお産をあるがままに前向きにとらえるのが、ソフロロジーです。

ですから、単なる分娩法ではありません。

「私は、あの痛い陣痛を赤ちゃんと一緒に乗り越え、赤ちゃんが元気に逢いにきてくれた」という事実にとても自信がつきます。

自分への自信、赤ちゃんへの自信、そして、その後の育児に対する自信も生まれます。

（＊26ページ参照）

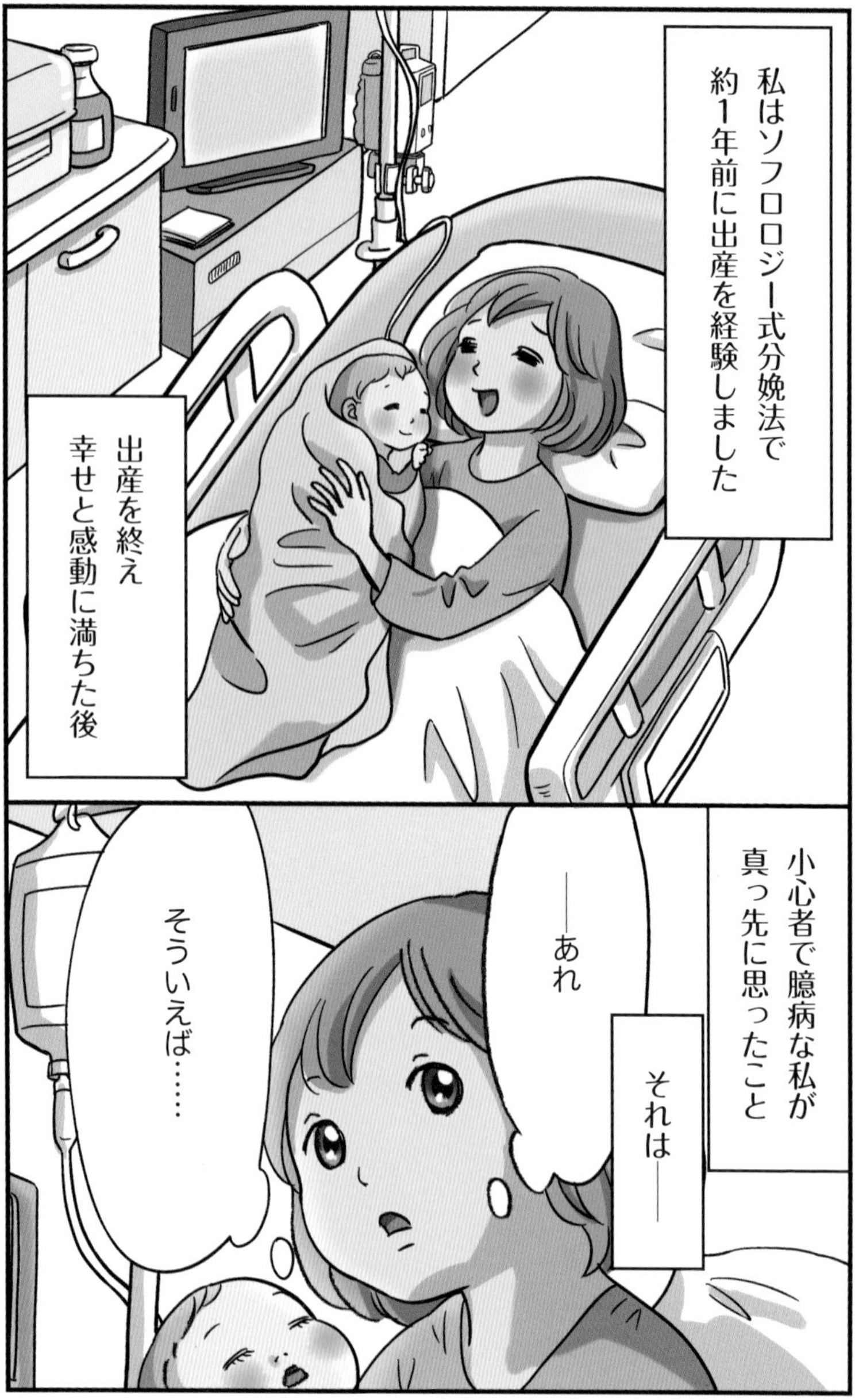
私はソフロロジー式分娩法で
約1年前に出産を経験しました
出産を終え
幸せと感動に満ちた後
小心者で臆病な私が
真っ先に思ったこと
それは——
——あれ
そういえば……

あまり痛く
なかった……？
気がする
私は、妊娠当初から
お産が本当に不安でした
恐怖
ちぎれる～
ウ
ガク
ガク
ガク
ガク
ソフロロジー式分娩法のことは
よく教わって、知ってはいましたが
いざその時が来たら、私はきっと
パニックになってしまうのだろうと
とうとう臨月まで
出産の痛みへの恐怖は
拭えずにいたのです
ドキドキ
そんな中
予定より1週間
遅れて……
ついにその時が
来ました！
これが
陣痛!?
ずんどこ
ずんどこ

じわりじわりとお産が進む中
大丈夫だよしょう君
もうすぐ逢えるよ
一緒にがんばろうね
上手上手
自然と声をかけられている自分に気づきました
一つ一つの痛みの波も、ただゆっくり息を吐くだけで乗り越えられました
ザザー
ふ〜〜〜っ
もうその頃には逢いたい気持ちが勝りお産の恐怖なんてどこかへ無くなっていました
しょう君
もうすぐだね
早く逢いたいな……
よしよし

赤ちゃんを想う気持ちが強くなると痛みを切り替えるスイッチが入ります
想う気持ち
MAX
ガコン
痛くない
あ
そっか！赤ちゃんに逢いたい気持ちが不安に勝った時にスイッチが切り替わるんだっけ!!
ママ〜
あんなに怖がっていた私がすごく落ち着いていてお産に向き合えていることへの驚きと
コワイ〜
無理〜〜
やった！私にもできた！という思いで
お産は何倍もの喜びに変わりました
がんばったね!!
やっと逢えたね!!

自分よりも赤ちゃんをいちばんに想う気持ち
母親として最高の幸福感
お産を通じてさまざまなことが知らされ
恐怖しかなかったお産のイメージが180度変わりました

穏やかな
お産だったね
感動したよ
母からも
褒められました
そんな息子も
1歳を迎えました
ソフロロジーと
出逢ったおかげで
子育てで嫌なことや
悩むことがあっても
プラス思考で
過ごすことができます

この世で初めて
わが子に出逢った感動
妊娠・出産・育児へ続く
ソフロロジー分娩法
この素晴らしいお産は
私にとって大きな財産と
なりました

寄せられたお手紙をマンガにしたものです

おわりに

私のクリニックは、大正7年に開院。

初代院長である私の祖父がこの地（佐賀県唐津市）に産婦人科を開業し、父が継承し、私で3代目なのです。平成30年に開院100周年を迎えました。

ここで誕生した赤ちゃんが、やがて母となり、再び自分が生まれた産院に帰り、出産されています。

たなべクリニックは、日本ソフロロジー法研究会が日本で最初に認定した、医療従事者を対象としたソフロロジー法の研修指導施設です。

多くの医師・助産師・看護師が、ここに研修に訪れ、指導・教育を受けています。

私は、幼くして母を亡くしました。

私が物心ついた頃には、母はすでに入院していました。

長い入院生活であったと記憶しています。

母は、私が6歳の時に旅立ちました。

私が人生初めて参列した葬儀は、母のお葬式でした。

そして、私は、乳母さんに育てられました。

住み込みで働いていた年配のおばあちゃんでした。

私はよく小さい時におなかを壊していました。

幼少の頃、あまり胃腸が強くなかったようです。

乳母は、私のために手編みの腹巻きを作ってくれました。

おなかが痛む時、乳母は腹巻きを私に着けてくれて、いつもお布団に一緒に入っておなかを温めてくれていました。

熱を出して私が寝込むと、氷枕を用意し、おでこに氷のうをのせて、夜通し付きっきりで、解けた氷を替えてくれました。

冬の寒い日、学校に登校する前に洋服が冷たくないように、いつも炬燵の中に入れて温めてくれていました。

私の人としてのこころの成長は、乳母のおかげです。

私が人の道を外れることなく、成長できたのも乳母のおかげです。

私に人を思いやる気持ちや優しさがあるとすれば、それは乳母から授けられたものです。

全くの他人であった乳母は、私をあふれんばかりの愛情で包み、育ててくれました。

私が今のクリニックを新築する際、待合ホールに必ず乳母の写真を飾るとこころに決めていました。

待合ホールには、乳母に抱かれる満面の笑みの私の写真とともに、「育児こそ世界で最も重要な仕事である」の文章が添えられています。

そして、私が生涯の伴侶に選んだ妻。

つきあっている時、家内の自宅へ両

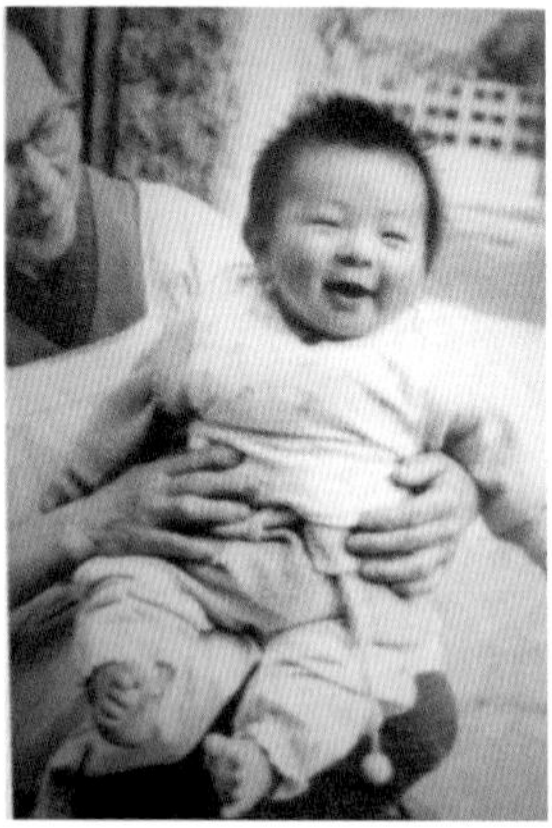

親に挨拶に行きました。

地図を頼りに家内の自宅を訪ねる際、道中一瞬息が止まりました。

家内の自宅は、乳母の実家のすぐそばだったのです。

また、家内との一期一会は、乳母からの引き合わせだったのかもしれません。

家内の母の誕生日が、私の母の命日だと後に知りました。

私が、彼女と結婚する際、3つのお願いをしました。
- 子どもを授かったら、可能な限り親子一緒に1つの布団で寝る
- どこに出掛けるにも、家族みんなで出掛ける
- 子どもは、母のあふれんばかりの愛情のもとに育てる

私には2人の息子がいます。

子どもが小学生の頃まで、1つのベッドで家族4人一緒に寝ていました。

子どもが大きくなると、4人が1つのベッドで寝るのは大変です。仰向けに寝るなんてできません。

いつも横を向いて寝ていました。

同時に4人一緒にベッドに入り、ポジションを決めないとなかなか眠れません。家内も子どもたちも文句を言いながらも、私のわがままにつきあってくれました。

狭い布団でくっついて寝る。私には、最高に幸せな時間でした。

どこにでも一緒に出掛ける。

コンビニに牛乳1本買いに行くのにも家族4人一緒です。

それが何より私は、うれしかったのです。

母との生活を知らないで育った私は、わが子と家内のつながり、生活、成長がとても大切なものでした。

成長する子どもと母の関係を私は、経験していません。

ある日、家内がフライド・チキンを買ってきました。

子どもたちは、喜んで頬張っていました。

私も一緒に頂きました。

手が汚れないように備え付けのナプキンを使い、私は食べていました。

すると子どもたちは、チキンが入っていた箱の中の紙を破いて、チキンを手にしていました。

「なんで箱の中の紙を破って、チキンを持つの？」と私が子どもたちに尋ねると、

「ママがナプキンをチキンに巻いて食べると、手が油で汚れるから破った紙を巻いて食べてね。そうすると手が汚れないからって、言ってた」と息子たち。

突然、涙する私に息子たちはビックリ。

母親って、こういうことを教えるんだと、その時感じました。

たわいのないことです。

けれど、私にはとても大切で尊いことなのです。

家内と子どもたちが口げんかするのも私は、好きです。

子どもとお母さんって、こういうことでけんかするのかあと感じるからです。

だから、うれしいんです。

もう1つ、家内にお願いをしていることがあります。

私が愛した人たち、母や乳母は私を残して、旅立ちました。

愛する人たちは、私から去っていきます。

家内には、私を置いて旅立たないでと頼んでいます。

私を看取ってから、旅立ってほしいとお願いをしています。

家内は、私の生い立ちや想いを知っています。理解してくれています。

彼女は、3つの約束と、もう1つの約束を守ってくれています。


私は、私の仕事を仕事だとは考えていません。

〝お役目〟だと感じています。

一人一人お役目があると考えます。

そのお役目に気づいている人、気づいていない人がいます。

お役目はさまざまなものがあり、大きいもの・小さいものがあると考えます。

お役目の大小は、関係なく、お役目に気づけた人で、そのお役目を実践している人は幸せです。

私にもお役目があります。

〝母と子の絆を深める〟〝母性を醸成させる・確立させる〟ことです。

私はそのお役目に気づき、実践しています。

大きなお役目を頂きました。

だから、うれしいです。

仕事じゃなくて、お役目。

だから、楽しくてしょうがないです。
毎日、お役目を果たす充実感が私にはあります。
今までもこれからもお役目を果たす。
それが、私に与えられた使命です。

発刊に寄せて

妊娠中からのサポートこそ、子育てをハッピーに乗り越える力に

心療内科医　明橋 大二

待ちに待った、田邉良平先生のソフロロジーの本がついに世に出ることになりました。

この本の完成を心から願っていた者として、これほどうれしいことはありません。

田邉先生との出会いは、平成23年11月、福岡県で行われた日本ソフロロジー法研究会学術集会で、講演を依頼された時に遡《さかのぼ》ります。

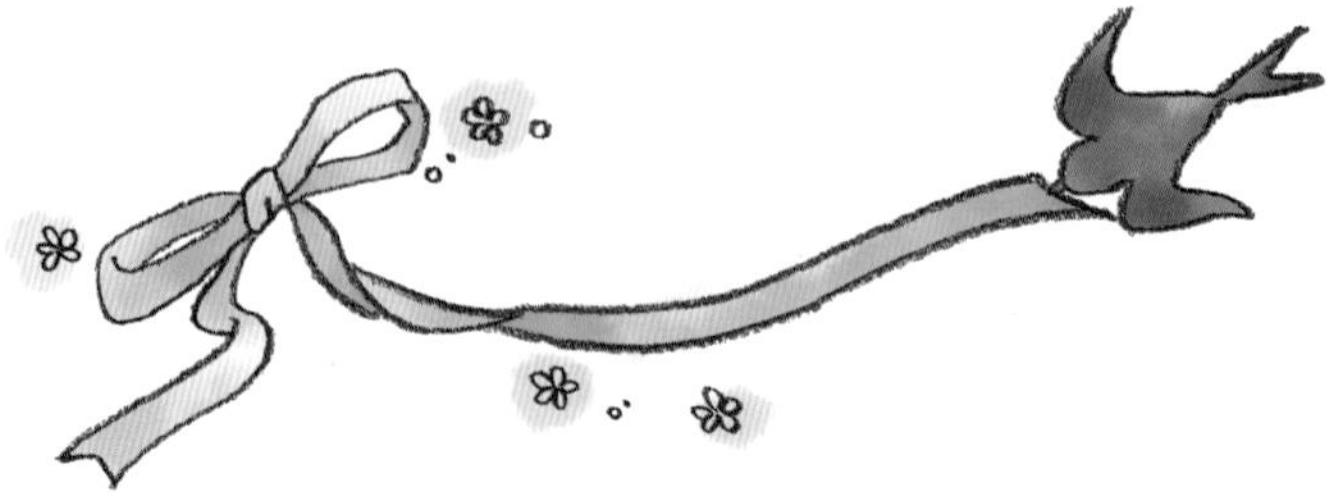

私はもともと、青年期を中心とする精神科診療の場で、リストカットや家庭内暴力を繰り返す患者さんと多く出会ってきました。その生い立ちを聞いてみると、子ども時代にいじめや虐待など、さまざまなトラウマを抱えていることに気づきました。

もし子ども時代に、彼らがその心のSOSに気づかれていたならば、大人になってからこんなにつらい思いをせずにすんだのではないかと思い、精神疾患の予防として、子どものメンタルヘルスに関わるようになりました。

ところが、子どもの診療をしているうちに、その親御さんがまた子育てに悩み、追い詰められていることに気づきました。

そして最後に行き着いたのが「子育て支援」でした。

親御さんを支えることが、子どもを健やかに育むことになる、そういう現場の思いを本にしたのが『子育てハッピーアドバイス』で、幸い多くの方に読んでいただくことができました。

ところが、そのうち私は大きな壁にぶち当たりました。

あるお母さんは、子どもを出産した時のことを振り返って、こう言われました。

「この子を身ごもった時、私は姑のいじめに耐えかねて、真剣に離婚を考えていました。

しかしそんな時に、この子の妊娠が分かりました。

もうこれは産むしかないと思って、離婚はあきらめましたが、その後、自分が離婚できなかったのはこの子のせいだと思うと、どうしてもかわいく思えませんでした。

この子が生まれてからもその思いは変わらず、だから生まれてから半年間、一度も自分からこの子を抱っこすることができなかったのです」

別のお母さんは、妊娠が分かっても、薬の大量服薬がやめられず、何度も救急車で運ばれました。それはまるで、自分と赤ちゃんを、一緒にこの世から抹殺しようとするかのようでした。

子育て支援というけれど、子育てはすでにおなかの中から始まっている。ならば、親のサポートは、妊娠した時から、始めなければならないのではないか。

しかし精神科医である私には、妊娠出産についての現場経験もなく、何をどう書いたらよいのか、途方に暮れていたのです。

田邉先生と出会ったのは、まさにそんな時でした。

田邉先生から、ソフロロジーの話を伺って、ここに私の求めていた答えがあると確信しました。同時に、妊娠中からの親のサポートに、何が必要なのか、明確にイメージができたのです。

ソフロロジーの大きな特徴の一つは、産前教育がしっかりしていること、といわれます。

しかしその産前教育とは、親に「あれをしなさい、これを気をつけなさい」と説諭することではないでしょう。

ただ親に、赤ちゃんが何を感じているのか、何を想っているのかを伝えること、それだけで「お母さんスイッチ」が入るのです。

そして、親に、安心と自信を届けること。それはもう、「妊娠中からの子育て支援」そのものです。

そのようにサポートを受けた親子は出産の時からすでに心の絆ができています。それは間違いなく、その後の大変な子育ての時間を乗り越える力となるでしょう。

ハッピーアドバイスの原稿を、田邉先生に見ていただいた時、先生から言われた言葉があります。

「ぜひ今度は、一緒にコラボで本を出しましょう!」

コラボではありませんが、

田邉先生の言葉の一言一言は、

私の願いとぴったり一つです。

このような形で出版が実現したことを、

私は心から(たぶん著者よりも!)

喜んでいるのです。

これから妊娠・出産を考えておられる方、

初めてのお産に不安を感じておられる方、

すべての親御さんに、この本をぜひ手に取って

いただきたいと思います。

そして、これから始まる子育てのドラマが、

ぜひ幸せなものであってほしいと心から願っています。

あとがき

「引き合わせの法則」というものがあります。
同じ想い・信念を持つ人は、自然と引き合い、出逢う。
私には、さまざまな素敵な人々との大切な出逢いがたくさんあります。
出逢いは、偶然ではなく、全て必然。
人は出逢うべくして、出逢うのです。
私の想いに共感・共鳴して、この本の出版を後押ししてくださった、
心療内科医であり、子育てカウンセラーの明橋大二先生。
この本を世に出す必要性・重要性を私以上に想い、
熱意と信念を持って編集してくれた、1万年堂出版・副編集長の北垣真由美さん。
私の想いを想像以上に表現してくださり、
書中のすてきなイラストを描いてくれた、太田知子さん。
「育児こそ世界で最も重要な仕事である」を企業理念としている、
たなベクリニックを私とともにそのお役目を果たしてくれている
クリニックスタッフファミリー。

「育児」とは、ある一定の短い期間を指すのではありません。
育児とは、赤ちゃんが誕生し、
その生涯を全うするまでの期間を指し、
そこに関わるすべての人々を意味します。
私自身の生涯＝育児に携わる・支えてくださる方々との
一期一会の出逢いに、今までもこれからも感謝。
赤ちゃん大好き。
お母さんありがとう。

たなべりょうへい（昭和37年撮影）

だって、みんな
赤ちゃんだったでしょ

著者略歴 田邉 良平（たなべ　りょうへい）

昭和37年、佐賀県唐津市生まれ。
久留米大学医学部大学院博士課程修了。
医療法人 虹心会《こうしんかい》 たなべクリニック産科婦人科の
三代目院長。
日本におけるソフロロジー法の祖・松永昭先生との
運命の出逢いから、ソフロロジー法の普及を
ライフワークとしている。
全国各地で、講演活動を続けている。
日本産科婦人科学会認定産婦人科専門医。
日本ソフロロジー法研究会 常任理事。
日本ソフロロジー法研究会 達成度向上委員会委員長。
医学博士。
二男の父。

医院紹介 医療法人 虹心会《こうしんかい》 **たなべクリニック産科婦人科**

大正７年、田邉良平の祖父（田邉熊喜）が、佐賀県唐津市に開院。
平成15年、ソフロロジー法の拠点病院として、クリニックを新築。
日本で最初のソフロロジー法認定研修施設となり、
全国から多くの医師・助産師・看護師らが訪れている。
平成30年に開院100周年を迎えた。
たなべクリニックで生まれた赤ちゃんが
お母さんとなり、たなべクリニックで出産している。
地域になくてはならない存在＝社（やしろ）を目指し、
今日もたくさんの人々との一期一会を重ねている。

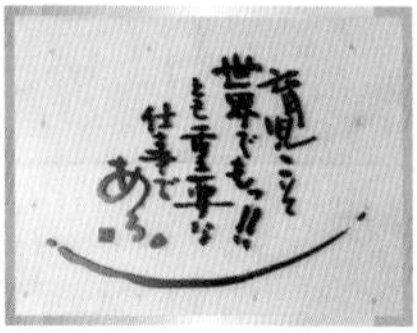

クリニックの玄関に掲げられた
企業理念

各章の扉にあしらわれた絵は、たなべクリニックの３つのロゴマークです。

うぶみ（妊娠・出産）

おもやい（育児）

いのち（思春期～更年期）

うぶみ、おもやい、いのちは、たなべクリニックの３つの事業である
「妊娠・出産サポート」「育児サポート」「思春期～更年期サポート」のシンボルです。
たなべクリニックは女性の一生に寄り添い、サポートしています。

ホーム
ページ

たなべクリニックホームページ
https://www.tanabeclinic.com/

この本に掲載の「良平先生の青空日記」は、ホームページ上で、
毎週木曜日に更新しているコラム「今日のよか」からの抜粋です。
ご興味のある方は、ぜひ右のQRコードからごらんください。

〈イラスト〉
太田　知子（おおた　ともこ）
昭和50年、東京都生まれ。2児の母。
イラスト、マンガを仕事とする。
著書『子育てハッピーたいむ』①〜③
　『りんごちゃんと、おひさまの森のなかまたち』①〜⑤
　『HSC子育てあるある うちの子はひといちばい敏感な子！』

〈装幀・デザイン〉　市川あかね

ママ、もうすぐあえるね
おなかの中からハグくむ親子の絆　ソフロロジー

令和２年(2020)　３月24日　第１刷発行

著　者　田邉　良平
発行所　株式会社　１万年堂出版
〒101-0052　東京都千代田区神田小川町2-4-20-5F
電話　03-3518-2126　　FAX　03-3518-2127
https://www.10000nen.com/
製作　１万年堂ライフ
印刷所　中央精版印刷

 ISBN978-4-86626-055-6 C0037

3歳までに大切な〝心の子育て〟決定版

0〜3歳の これで安心 子育てハッピーアドバイス

本体1,300円+税
978-4-86626-026-6

就学前に育む心の土台と、ルールの教え方

3〜6歳の これで安心 子育てハッピーアドバイス

本体1,300円+税
978-4-86626-030-3

意外と知らない子どもの病気の常識

子育てハッピーアドバイス 知っててよかった 小児科の巻 増補改訂版

（共著 吉崎達郎ほか）

本体1,300円+税
978-4-86626-049-5

ほめ方・叱り方のキホンを伝授

子育てハッピーアドバイス 大好き！が伝わる ほめ方・叱り方

●ほめ言葉が自然と増えるヒントがいっぱい！

本体933円+税
978-4-925253-42-0

どうしても怒ってしまうときの悩みQ&A

子育てハッピーアドバイス 大好き！が伝わる ほめ方・叱り方②

●赤ちゃん返り ●きょうだいげんか ほか

本体933円+税
978-4-925253-47-5

小学生の心を知って、やる気の芽を育てよう

子育てハッピーアドバイス 大好き！が伝わる ほめ方・叱り方③ 小学生編

本体933円+税
978-4-925253-64-2

思春期の子どもを持つお母さん、お父さんへ

10代からの子育てハッピーアドバイス

●10代の子どもに接する10カ条 ほか

本体933円+税
978-4-925253-27-7

好き嫌いの悩みから、簡単レシピまで

子育てハッピーアドバイス 笑顔いっぱい 食育の巻

（共著 松成容子）

本体1,000円+税
978-4-925253-78-9

ひといちばい敏感な子を育てるママを応援

HSCの子育てハッピーアドバイス

本体1,200円+税
978-4-86626-034-1

孫が幸せに育つために祖父母だからできること

子育てハッピーアドバイス ようこそ 初孫の巻

（共著 吉崎達郎）

本体933円+税
978-4-925253-60-4

毎朝めくって、幸せな子育てを

日めくり 子育てハッピーカレンダー

●33枚 ●縦28.8cm×横14cm

本体933円+税
978-4-925253-32-1

心温まるアドバイスが日めくりに

日めくりカレンダー 大好き！が伝わる ほめ方・叱り方

●33枚 ●縦28.8cm×横14cm

本体933円+税
978-4-925253-43-7